ジュニアサッカー
クーバー・コーチング キッズのスキルアップ 練習メニュー集

1対1に勝つためのテクニック上達バイブル

 ×

［著］クーバー・コーチング・ジャパン
COERVER COACHING JAPAN

KANZEN

はじめに

　サッカーがうまくなりたい、ドリブルをもっと上達させたい、1対1で相手を巧みにかわしたい、というような願いを持つ子どもたちは多くいるでしょう。
　この本では、そんな子どもたちの願いを叶えるために、1対1で負けないスキルを身につけるための練習法を紹介しています。ドリル形式やゲーム形式などのトレーニングメニューを中心にステップバイステップでスキルを伸ばすことができます。
　多くのスポーツに共通することですが、テクニックとは基本的に「反復」を通して身につけていくものです。私たちが行う指導でも「反復練習」が第一のステップとなります。
　しかし、同じことをくり返し行う「反復練習」は、幼い子どもたちにすれば退屈なものに感じてしまうかもしれません。だからこそ、ゲームやドリルなどの練習メニューに工夫を凝らし、子どもたちに「自分は同じことばかりやっている」と感じさせず、「楽しい！」と思ってもらわなければならないのです。

一人でできるものから友達同士でできるものまで

子どもたち自身でうまくなるための練習メニュー

選手がその第一のステップをうまくこなすことができるようになったら、次のステップにいきましょう。次のステップでは、さらに複雑な動きを取り入れた反復練習を課し、「ストレスをかける（難易度をあげる）」ようにしてみてください。
　そして最後に第三のステップ。選手たちが、ゲームの中でスキルを効果的に使えるようになることを主として、指導をしていきます。これができるようになったら「成功」です。つまり、スキルを身につけたことになります。
「チームワーク」や「勝敗」はもちろん重要ですが、成長段階の選手には「楽しむこと」、そして「スキルを実戦で効果的に使えるという自信を得ること」も非常に重要です。
　また、今回紹介している練習メニューは、一人でできるメニューはもちろん、友達同士でもできる練習メニューがたくさんあります。この本が、子どもたちが自主的にサッカーに励もうとする環境づくりのサポートになれば幸いです。

クーバー・コーチングとは

歴史

1970年代後半、オランダ人指導者、ウィール・クーバーが、革命的なサッカーの指導法を開発しました。もともと彼は、当時のプロの試合から見えてくる、技術の欠落したプレースタイルに満足していませんでした。ファンを魅了するには、テクニックを生かしたサッカーが確立されなければならないと考え、そのために個人技術を磨く指導に至りました。

当初のクーバーの指導は、ボールマスタリーや1対1のテクニックの指導をメインに行うもので、スタンレー・マシューズやヨハン・クライフ、ペレのようないつになっても色あせない、優れた動きをする選手のプレーを見習うよう選手たちに促すものでした。そうして1984年、ウィール・クーバーの考えに触発され、アルフレッド・ガルスティアンとチャーリー・クックが設立したのが、現在世界中で知られている「クーバー・コーチング」です。

以後、クーバー・コーチングは世界40ケ国以上においてグローバルサッカー教育ネットワークとなりました。1984年以降、世界中で百万人以上の選手と千人以上のコーチがクーバー・プログラムにかかわっています。

現在、クーバー・コーチングは、特に5〜16歳の若い選手たちや、その年代のコーチや先生方に適したサッカー技術指導方法の先駆けとして広く認められています。2010年、アディダス社はFIFAの社会貢献活動である"Football for Hope"のプログラムにクーバー・コーチングを採用しました。

現在

クーバー・コーチングは、1984年からニューヨーク1ケ所で行われたキャンプから始まり、今では世界40ヶ国以上でグローバルに活動しています。日本をはじめ、アジア、ヨーロッパ、アフリカなどで展開しています。

クーバー・コーチング的
1対1総論

- フェイント
- 方向転換
- ストップ＆スタート

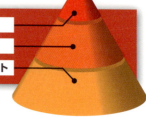

クーバー・コーチングでは1対1の攻撃スキルを大きく3つのカテゴリーに分けています。

フェイント　　　　　　　　　　　Feints

How　どういったプレーなのか？

ディフェンダーのプレッシャーをはずして、突破のためのスペースをつくり出し、パスやシュート、ラン・ウィズ・ザ・ボール（ドリブル）を行うためのもの。

When　効果を発揮する局面はいつか？

- ディフェンダーが正面にいるとき。
- 相手ゴールに背を向け、自分の背中方向から相手のプレッシャーを受けているとき。

Where　有効なのはどこのエリアか？

- 相手ペナルティーエリアの外側：DFを抜けばシュートできる。
- 相手陣内のサイドエリア：ディフェンダーのプレッシャーをはずし、クロスをあげたり、サイドから中央へ切り込むことができる。

●攻撃　▲守備　○ボール

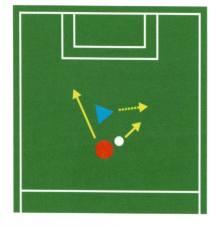
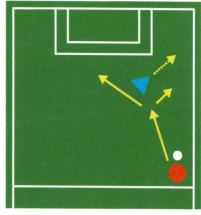

この選手のプレーを参考にしよう!

マルセロ
Marcelo

レアル・マドリード不動の左サイドバック。守備のポジションながら積極的に攻撃参加し、得点チャンスを演出するプレーヤー。切れ味鋭いドラッグシザーズやダブルタッチを駆使して、相手陣内に攻め入る。どんな相手でもフェイントを仕掛けてチャレンジするところは、ぜひ参考にしてほしい。

方向転換 — Change of Direction

How　どういったプレーなのか？

プレッシャーをかけにくるディフェンダーからボールをシールディング（ボールとディフェンダーの間に自分の体を入れてボールを保持すること）しながら、オープンスペースへ向かうためのターンをすること。

When　効果を発揮する局面はいつか？

●ディフェンダーが左右どちらかのサイドからプレッシャーをかけてきたとき。
●ディフェンダーがアタッカーのドリブルに並走しているとき。

Where　有効なのはどこのエリアか？

●相手ペナルティーエリア前：ゴールチャンスをつくることができる。
●より相手ゴールに近いサイドエリア：クロスボールやシュートチャンスにつながる。

●攻撃　▲守備　○ボール

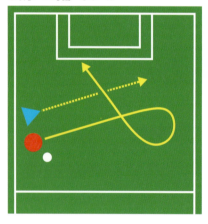
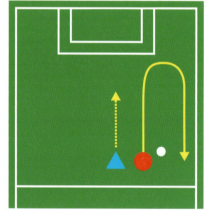

この選手のプレーを参考にしよう！

ダビド・シルバ
David Silva

攻撃的なポジションであれば、どこでもこなすスペイン代表のダビド・シルバ。パスもドリブルも優れた選手であるが、その要因は視野の広さ。ドリブルをしていても、うまく方向転換をしながら、相手の守備をかいくぐってスペースに抜けていく。ターンの巧さも絶妙なプレーヤー。

ストップ&スタート　Stop & Starts

How　どういったプレーなのか？

ディフェンダーが自分の横からプレッシャーをかけてくる状況において、ドリブルのペースを急激にゆるめたあとに加速することで、相手のプレッシャーのタイミングをはずし、突破のためのスペースをつくる。

When　効果を発揮する局面はいつか？

●相手ゴール前をゴールラインと平行に横切っている状況で、ディフェンダーがゴール側からプレッシャーをかけてきたとき。
●サイドで相手ゴール方向へドリブルしている状況で、横からプレッシャーをかけられ、相手が進行方向にいないとき。

Where　有効なのはどこのエリアか？

●相手陣内の両サイド：タテ方向へ突破のためのスペースをつくることができる。
●相手ゴール前：相手のプレッシャーのタイミングが一瞬はずれることでシュートチャンスを生み出すことができる。

●攻撃　▲守備　○ボール

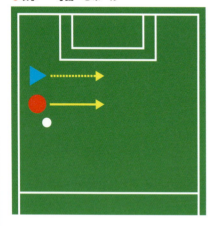
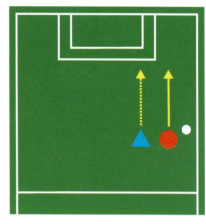

この選手のプレーを参考にしよう!

リオネル・メッシ
Lionel Messi

FCバルセロナに所属するアルゼンチン代表FWリオネル・メッシ。独特のリズムと細かいタッチで相手を抜き、一瞬のスピードで敵を置き去りにする。メッシが相手を抜くことができるのは、ストップ&スタートを使った緩急のスピード変化があるからこそ。

ジュニアサッカー クーバー・コーチング キッズのスキルアップ練習メニュー集

1対1に勝つためのテクニック上達バイブル

CONTENTS

- **002** はじめに
- **004** クーバー・コーチングとは
- **006** クーバー・コーチング的1v1総論－フェイント
- **008** クーバー・コーチング的1v1総論－方向転換
- **010** クーバー・コーチング的1v1総論－ストップ＆スタート
- **018** 本書の使い方
- **020** DVDの使い方

Chapter 1 ボールマスタリー
Ball Mastery

022 ボール感覚を養うための「ボールマスタリー」とは？
024 ボールマスタリー① 　トータップ
026 ボールマスタリー② 　ソールタップ
028 ボールマスタリー③ 　スライド
030 ボールマスタリー④ 　トータップ&スラップ
032 STEP1 　一人で動きながらやってみよう
034 コンビネーション① 　トータップ→ソールタップ→スライド
036 コンビネーション② 　トータップ→スラップ→スライド
038 コンビネーション③ 　トータップ→ダブルスラップ
040 コンビネーション④ 　イン・アウト→スラップ
042 コンビネーション⑤ 　イン・アウト→スラップ→スライド
044 コンビネーション⑥ 　アウト・イン→スラップ→インサイド
046 STEP2 　友達と前後にならびながら動いてみよう
048 STEP3 　友達と左右にならびながら動いてみよう
050 STEP4 　友達と向かい合わせになりながら動いてみよう
052 STEP5 　友達と競争しながら動いてみよう

Chapter 2 フェイント / Feints

- **058** 1v1で使える「フェイント」とは？
- **060** フェイント① ドラッグプッシュ
- **062** フェイント② ドラッグシザーズ
- **064** フェイント③ ダブルタッチ
- **066** STEP1 一人で動きながらやってみよう
- **068** STEP2 一人でコーンを相手にやってみよう
- **070** STEP3 友達と突破ゲームをやってみよう
- **072** STEP4 友達とボール当て&ライン突破ゲームをやってみよう
- **074** フェイント④ チョップフック
- **076** フェイント⑤ ダブルチョップフック
- **078** STEP1 一人で動きながらやってみよう
- **080** STEP2 一人でコーンを相手にやってみよう
- **082** STEP3 友達とボール当て&ライン突破ゲームをやってみよう

Chapter 3 方向転換

Change of Direction

- **088** 1v1で使える「方向転換」とは？
- **090** 方向転換① Uターン
- **092** 方向転換② Uターンステップオーバー
- **094** 方向転換③ フェイクUターン
- **096** STEP1 一人でその場でやってみよう
- **098** STEP2 一人で動きながらやってみよう
- **100** STEP3 一人でコーンを相手にやってみよう
- **102** STEP4 一人で三角形の中でやってみよう
- **104** STEP5 友達とゴールをつけてやってみよう
- **106** STEP6 友達が相手役となってやってみよう
- **108** STEP7 友達とライン突破ゲームをやってみよう
- **110** 方向転換④ アウトサイドカット
- **112** 方向転換⑤ スラップカット
- **114** 方向転換⑥ ローウェーブ
- **116** STEP1 一人で四角形の中でやってみよう
- **118** STEP2 一人でマーカーを使ってやってみよう
- **120** STEP3 友達が相手役となってやってみよう
- **122** STEP4 三人組でやってみよう
- **124** STEP5 友達とボール当てゲームをやってみよう

Chapter 4 ストップ&スタート
Stop & Starts

- **130** 1v1で使える「ストップ&スタート」とは？
- **132** ストップ&スタート① プルプッシュ
- **134** ストップ&スタート② ハイウェーブ
- **136** ストップ&スタート③ ステップキック
- **138** STEP1　一人でマーカーを使ってやってみよう
- **140** STEP2　友達が相手役となってやってみよう
- **142** STEP3　友達とゴールをつけてやってみよう
- **144** STEP4　友達とゲート通過ゲームをやってみよう

COLUMN
指導者のための
技術とともに心も育てるコーチング術

054 自信のつけさせ方
084 効率を高める環境づくり
126 子どもの可能性や創造性を引き出す

146 おわりに
148 クーバー・コーチング・サッカースクール
150 撮影協力

1対1に負けないメニューが盛りだくさん！
本書の使い方

本書はキッズ年代の子どもたちが自主的に取り組めるスキルを紹介しています。本を読み進めていきながらスキルアップできる構成となっていますので、連続写真やトレーニング図版、ポイント解説をあわせて、本書を活用ください。

1 メニューを覚える
各メニューでどんなテクニックを紹介しているかを、まずはテクニックの名前を覚えて、実戦前に自分の頭のなかでイメージしてみましょう。

2 プレーイメージを描く
このテクニックをマスターすればどんなプレーができるかのを紹介しています。プレーイメージを描きながら読み進めていきましょう。

3 動きを知る
連続写真でしっかりと動き方がわかります。ボールの動き方や体の向きなどを目で追いながら確認しましょう。

4 レベルアップポイント
テクニックを実践してもうまくいかない選手のために、成功するためのコツとして、レベルアップポイントを紹介しています。

5 チェックシート
次のメニューに進む前にもう一度、確認したいポイントを表示しています。すべてクリアができていたら、次のステップに進みましょう。

6 トレーニングメニュー
今回登場するステップアップ形式のトレーニングメニューをイラストでも紹介しています。メニューの絵を見ながら実際にトレーニングしてみてください。

7 進め方を確認
トレーニングメニューにもそれぞれの進め方があります。どんな順番で行えばよいのか、一つひとつ確認しながらトレーニングしましょう。

8 ポイントを知る
トレーニングメニューを進めるにあたり、これだけはおさえておきたいポイントを2～3つ用意しています。参考にしながら進めていきましょう。

見本映像を参考にサッカーの技術を伸ばそう！
DVDの使い方

本書に登場するメニューはDVDにも収録しています。
DVDと書籍とを併用しながら、各自の自主練習に役立ててください。

DVD収録内容

TOPメニュー

TOPメニューから各項目をクリックし、見たい映像を選択すると、その映像画面にジャンプします。

付録DVDに関する注意

●本誌付録のDVDはDVD-VIDEO（映像と音声を高密度で記録したディスク）です。DVD-VIDEO対応のプレーヤーで再生してください。DVD再生機能を持ったパソコン等でも再生できますが、動作保証はできません（パソコンの一部機種では再生できない場合があります）。不都合が生じた場合、小社は動作保証の責任を負いませんので、あらかじめご了承ください。　●ディスクの取り扱いや操作方法は再生するプレーヤーごとに異なりますので、ご使用になるプレーヤーの取り扱い説明書をご覧ください。　●本DVDならびに本書に関するすべての権利は、著作権者に留保されます。著作権者の承諾を得ずに、無断で複写・複製することは法律で禁止されています。また、本DVDの内容を無断で改変、第三者へ譲渡・販売すること、営利目的で利用することも法律で禁止されております。　●本DVD、または本書において、乱丁・落丁・物理的欠陥があった場合は、小社までご連絡ください。

Chapter 1
ボールマスタリー

Chapter 1
フェイント

Chapter 1
方向転換

Chapter 1
ストップ＆スタート

ココも要チェック!!
すべてのメニューにスクールマスターがやさしくていねいにポイント解説!!

今回収録している内容では、クーバー・コーチング・サッカースクールのスクールマスターである林徳秀コーチと薬袋広明コーチが一つひとつのメニューに対して、上達するためのポイントを解説しています。映像を見ながら各コーチの声に耳を傾けてみましょう。

林徳秀コーチ

薬袋広明コーチ

Chapter 1

Ball Mastery
ボールマスタリー

ボールマスタリーとは、ボール扱いに慣れて、自由に扱えるようにするためのトレーニングです。継続的にくり返しトレーニングすることで、タッチの感覚（ボールフィーリング）が身につきます。

Chapter 1

ボール感覚を養うための「ボールマスタリー」とは？

Chapter1で紹介するのは、ボールマスタリー。
リズムよく行い、ボールに触れる感覚を養ってください。

大事なポイント

ボール扱いに慣れて、自由に扱えるようになる

　ボールマスタリーとは、ボール扱いに慣れて、自由に扱えるようにするためのトレーニングです。継続的にくり返しトレーニングすることで、タッチの感覚（ボールフィーリング）が身につきます。
　ボールフィーリングとは「どのくらいの強さでタッチすると、ボールがどのくらい移動するか？」（タッチの強弱）や、「どのくらいの足の角度や、足のどの部位でタッチすると、どの方向にボールが移動するか？」（タッチの角度）を知ることです。
　この感覚をつかむことができれば、正確なキックやファーストタッチ、ドリブルができる選手になることができます。

今回紹介している「ボールマスタリー」

トータップ	p024
ソールタップ	p026
スライド	p028
トータップ＆スラップ	p030

どんなプレーができる？

ボールタッチが自由にできるようになる

　上半身をリラックスさせて、姿勢や腕もバランスよくして行い、自然体でボールマスタリーを行いましょう。

　まずは、ボールタッチをゆっくり正確に行い、次のタッチがうまくできる位置にボールを運びましょう。足元だけを意識せずに、「アイズアップ（目線を上げること）」も心掛けましょう。

　両足バランスよくくり返し行うことで、ボールタッチが自由にできるようになります。

　それと同時にコーディネーションといわれる、体や足をスムーズに連動させる能力も鍛えるトレーニングにもなります。サッカーのみならず、運動での体の使い方を自然と覚えることができます。

トレーニングのコツ

自分のペースで段階的にやってみよう

　ボールマスタリーは段階的に自分のペースでやっていきましょう。トレーニングを行い、心拍数をあげる効果もあるため、ウォーミングアップに適しています。

　1日10〜15分程度で、トレーニングも3〜5種類のメニューをこなすのが、1つの目安となります。

　ボールをあまり見ずに感覚でボールタッチできるようになったら、動きの種類を2つ、3つと合わせてより複雑な難易度の高いトレーニングも行ってみましょう。

ボールマスタリー①

トータップ

体の真下で、左右の足のインサイドで順番に連続してタッチ！
インサイドのボールタッチの感覚を覚えるトレーニング。

1 右足のインサイドでボールタッチ

2 次は左足のインサイドでボールタッチ

レベルアップポイント

上半身を起こして、胸を張って、背筋を伸ばす。走るように動き、ときどき目線を上げられるようにする。

ひざを曲げて、つま先立ちにすることで、ステップが速くなり、タッチが遅れずに続けられるようになる。

コレをマスターするとどんなプレーができる？

ボールタッチの足さばきがすばやくできるようになる！

続けて、反対の足で真横にタッチする

走るように動き体の幅でタッチを続けて行う

チェックシート

- ☐ 胸を張って、ひざをほどよく曲げてできている
- ☐ かかとを上げて、つま先立ちでできている
- ☐ インサイドでボールの横をタッチできている

ボールマスタリー②

ソールタップ

ソールタップは、左右の足の裏で順番にボールの上をタッチする動き。
リズムよくボールに触れる感覚をつかむ。

 右足の裏でボールのてっぺんをタッチ

 軸足（左足）で地面をはねながら、足を踏み替える

レベルアップポイント

ボールを踏むのではなく、てっぺんを足の裏の、指のつけ根（母指球）でやさしくタッチして、ボールは動かさない。

軸足で地面をはねるようにリズムよく行う。体の重心は軸足に残す。

コレをマスターするとどんなプレーができる？

足をすばやく動かせるようになる

3 左足の裏でボールのてっぺんをタッチ

4 今度は右足で地面をはねて続ける

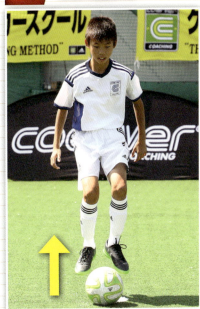

チェックシート

☐ 軸足で地面をはねながらできている

☐ ボールのてっぺんを足の裏でタッチできている

☐ ボールは動かさずにその場でできている

ボールマスタリー③

スライド

足の裏でボールを外側にすべらすように転がして、インサイドで止めるボールマスタリー。

 両足を開いて、右足インサイドの面にボールを置く

 左足の裏でボールのてっぺんをタッチ

 ボールを左足の裏で外側へすべらせる

 左足のインサイドでピタリとボールを止める

レベルアップポイント

外側にスライドさせたあと、次のタッチがやりやすいように、インサイドでボールをしっかり止める。

ゆっくりできるようになったら、タッチをすばやく行う。その際に、スライドするときに軸足をはねながら行う。

コレをマスターするとどんなプレーができる?

すばやい足さばきと ボールを止める感覚がつかめる

 次は右足の裏でボールのてっぺんをタッチ

 ボールを足の裏で外側へすべらせる

 右足のインサイドでピタッとボールを止める

8 右足を地面についたら、また続けて行う

チェックシート

- ☐ インサイドのタッチでボールをしっかり止める
- ☐ ボールタッチはずっと足にくっついている感覚がある
- ☐ ボールを動かす幅が左右均等にできている

ボールマスタリー④

トータップ&スラップ

左右のインサイドで2回タッチして、
3回目にスラップ（足の裏でボールを横に転がす）する。

 右足のインサイドでボールタッチ

 左足のインサイドでボールタッチ

 右足の裏でボールをタッチして

 ボールを左方向にゴロリと転がす

レベルアップポイント

足の裏でボールを転がすスラップをするときに、軸足のひざを軽く曲げて、ボールの上からタッチして、軸足方向へ転がす。

スラップするときにボールを「ゴロリ」と長く触って転がし、左右の足をクロスさせると重心移動がスムーズにできる。

コレをマスターするとどんなプレーができる？

横へのスムーズな重心移動でバランス感覚が養われる

ステップした足を地面に着地させる

左足のインサイドでボールタッチ

右足のインサイドでボールタッチ

左足の裏でボールをスラップ

チェックシート

☐ スラップするボールを真横に動かす

☐ スラップしたあとは、反対の足ですばやくボールタッチする

☐ 体からボールが離れないようにする

STEP 1

一人で動きながらやってみよう

4つのボールマスタリーを前にドリブルしながら行う。
できるだけボールをたくさんタッチしよう。

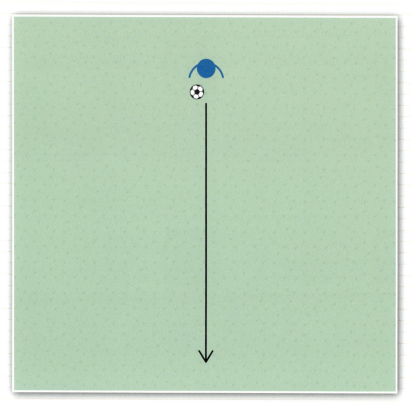

準備　スタート位置から10〜15m真っすぐ進む

進め方　❶ボールマスタリーの「トータップ」「ソールタップ」「スライド」「トータップ＆スラップ」の4種類を行う　❷速く、正確にたくさんボールタッチする　❸アイズアップして、目的地を確認しながら真っすぐ進む

ポイント① タッチする足の角度に気をつける

Coach's Advise
前に進みながら、ボールを少し斜め前にタッチする。タッチの足の角度に気をつけよう。

ポイント② たくさんボールタッチする

Coach's Advise
ボールが体から離れて、ボールを追いかけるのではなく、つねに体の近くで、できるだけたくさんタッチしよう。

ポイント③ アイズアップで確認

Coach's Advise
ボールだけでなく、ときどきアイズアップ（目線を上げて確認）して前方を確認しながらボールタッチしよう。

STEP 1　▶コンビネーション①

トータップ▶ソールタップ▶スライド

左右の足で交互にボールタッチして前へ運ぶ。インサイドのタッチから、足の裏でボールを押し出す。さらにボールを外側に転がすスライドをする。

❶ 右足のインサイドでボールタッチ

❷ 次は左足のインサイドでタッチ

❸ 右足の裏でボールを小さく前にタッチ

❹ 続けて、左足の裏でボールを前にタッチ

Coach's Advise
ボールの上から触るだけでなく、少しだけ前に押し出すと次のタッチがやりやすい。

DVDではココに注目！

左右の足で交互にボールタッチして、リズムよくスムーズに行う。スライドで一瞬ボールを止めるが、全体的には流れるように進む。

⑤ 右足の裏をボールの上にのせて、外側へすべらす

⑥ 右足のインサイドでピタリと止める

Coach's Advise
インサイドでボールを止めるが、動きは止めずにスムーズに前へ進む。

⑦ 次は左足の裏をボールの上にのせて、外側へすべらす

⑧ 左足のインサイドでピタリと止める

CHAPTER 1 ボールマスタリー

CHAPTER 2 フェイント

CHAPTER 3 方向転換

CHAPTER 4 ストップ&スタート

STEP 1 ▶コンビネーション②

トータップ→スラップ→スライド

左右の足で交互にインサイドでボールタッチ。次は足の裏でボールを軸足方向へ運ぶ。さらに同じ足で、ボールを外側へすべらせてスライドする。

 右足のインサイドでボールタッチ

 次は左足のインサイドでタッチ

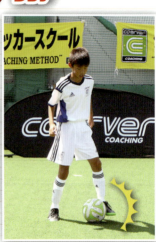

Coach's Advise
利き足からスタートするとスラップ→スライドも利き足でできる。

 右足の裏でボールをとらえる

足の裏でボールを左方向に転がす

DVDではココに注目！
1回、1回ボールタッチをするたびに、足を地面につけるように意識すると、次のタッチがしやすく、スムーズにできる。

⑤ スラップした足を地面に着地させる

Coach's Advise
スラップしたあとに足をしっかり地面につけると、次のスライドがしやすい。

⑥ もう一度、右足の裏でボールをとらえる

Coach's Advise
動いているボールを足の裏でとらえるとき、ボールの位置に合わせて軸足も動かして、体の下でとらえる。

⑦ 右足の裏でボールを外側へすべらせる

⑧ 右足のインサイドでピタリと止める

CHAPTER 1 ボールマスタリー
CHAPTER 2 フェイント
CHAPTER 3 方向転換
CHAPTER 4 ストップ&スタート

STEP 1　▶コンビネーション③

トータップ→ダブルスラップ

左右の足で交互にインサイドでボールタッチ。次も左右の足の裏で交互に連続してボールをスラップする。

1 右足のインサイドでボールタッチ

2 次は左足のインサイドでタッチ

3 右足の裏でボールをとらえる

4 足の裏でボールを斜め左方向へ転がす

DVDではココに注目！

2回目のスラップは、ボールが転がっている状態からキャッチするため、少し難しい。意識してよりていねいにボールタッチをしよう。

⑤ スラップした足を地面に着地させる

⑥ 今度は、左足の裏でボールをとらえる

Coach's Advise
動いているボールを足の裏でとらえるのは難しいため、2回目のスラップはていねいに行うとよい。

⑦ 左足の裏でボールを斜め右方向へ転がす

⑧ スラップした足を地面に着地させる

STEP 1 ▶コンビネーション④

イン・アウト→スラップ

片方の足でインサイド→アウトサイドでボールを連続してタッチする。
次も同じ足でスラップしたら、今度は反対の足で同じようにタッチする。

 右足のインサイドでボールタッチ

 次は右足のアウトサイドでタッチ

 斜め前にボールを運ぶ

4 右足の裏でボールを斜め左方向へ転がす

> **Coach's Advise**
> イン・アウトでボールをしっかりカットして、タッチの強さに気をつけながらスラップする。

DVDではココに注目!

イン・アウトでボールが体から離れないようにカットして、そこから足の裏でボールをゴロンと動かす意識でスラップする。

5 今度は左足のインサイドでボールタッチ

Coach's Advise
インサイドのタッチもアウトサイドのタッチも足の近くに動かす。

6 続けて左足のアウトサイドでボールタッチ

Coach's Advise
アウトサイドのボールタッチは、体の正面ではなく、斜め前にタッチすると、次のスラップがやりやすくなる。

7 左足の裏でボールをとらえる

8 左足の裏でボールを斜め右方向へ転がす

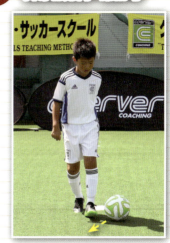

CHAPTER 1 ボールマスタリー

CHAPTER 2 フェイント

CHAPTER 3 方向転換

CHAPTER 4 ストップ&スタート

STEP 1 ▶コンビネーション⑤

イン・アウト→スラップ→スライド

片方の足でインサイド→アウトサイドでボールを連続してタッチする。
次も同じ足でスラップしたら、さらに外側にスライドする。

1 右足のインサイドでボールタッチ

2 ボールと一緒に軸足もステップさせる

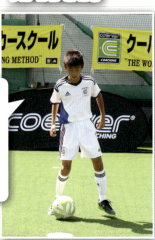

Coach's Advise
ボールを動かしたら、一緒に軸足もステップさせると体からボールが離れずにできる。

3 次は右足のアウトサイドでタッチ

4 右足の裏でボールをとらえる

DVDではココに注目!

片足で連続して4タッチ。1つひとつを、あせらずに正確にタッチしよう。また、タッチした足はしっかり地面につける。

 右足の裏でボールを斜め左方向へ転がすスラップ

 続けて右足の裏でボールをとらえる

 **右足の裏でボールを外側にすべらせてスライド**

Coach's Advise
スライドするときは、足がボールから離れないようにする。

 **右足のインサイドでボール止める**

CHAPTER 1 ボールマスタリー
CHAPTER 2 フェイント
CHAPTER 3 方向転換
CHAPTER 4 ストップ&スタート

STEP 1 ▶ コンビネーション⑥

アウト・イン→スラップ→インサイド

片方の足でアウトサイド→インサイドでボールを連続してタッチする。
次は反対の足でスラップ。右側に戻したボールをインサイドでタッチする。

1 右足のアウトサイドでボールタッチ

2 右足のインサイドでボールタッチ

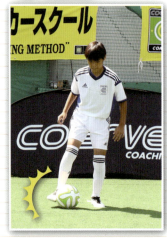

3 次は左足の裏でボールを右側へスラップ

Coach's Advise
反対の足でタッチするため、2タッチ目のインサイドは左足で触りやすいところに運ぶ。

4 右側へスラップしたボールを右足のインサイドでタッチ

DVDではココに注目!
ボールタッチをリズムよく。スラップするときだけ、反対の足に代わるため、パニックにならないように、頭で考えながらタッチする。

 続けて反対の左足のアウトサイドでボールタッチ

 続けて左足のインサイドでボールタッチ

 右足の裏でボールを斜め左方向へスラップ

 左足のインサイドでボールをタッチ

CHAPTER 1 ボールマスタリー

CHAPTER 2 フェイント

CHAPTER 3 方向転換

CHAPTER 4 ストップ&スタート

STEP 2

友達と前後にならびながら動いてみよう

二人で前後にならび、一定の距離でボールマスタリーしながら前にボールを運ぶ。
後ろの選手は、前の選手のマネをする。

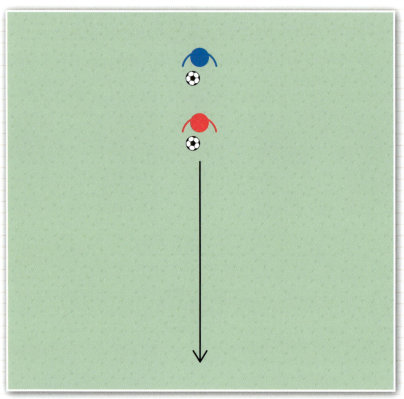

準備 　友達と前後にならび、10～15m先まで真っすぐボールマスタリーを行いながら進む

進め方 　❶友達と前後にならび、後ろの選手（青）が、前の選手（赤）の動きに合わせて進む　❷まずはボールマスタリーの4つの内から2つを選んで行う。次はフリーで行う　❸前後を交代してもう1度行う

ポイント① アイズアップして一定の距離間で進む

Coach's Advise
後ろの選手はアイズアップしながら、相手のスピードに合わせて一定の距離で進む。近すぎてもよくないため、1〜2m程度の間で進む。

ポイント② すばやく反応する

Coach's Advise
相手の動きの変化にすばやく反応できるよう、よく見ておくことが大事。一人が同じ足でボールタッチするようにリズムも合わせるとよい。

ポイント③ ゆっくりていねいに進む

Coach's Advise
人に合わせてプレーするのは難しく、しっかりボールを操れていないとできない。はじめはゆっくりていねいに進むとよい。

STEP 3

友達と左右にならびながら動いてみよう

二人で横にならび、ボールタッチのリズムを合わせて、ボールマスタリーをしながら真っすぐ進む。

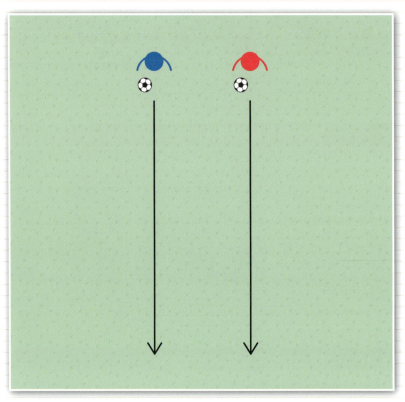

準備 スタート位置に二人が横にならび、10〜15m先まで真っすぐボールマスタリーを行いながら進む

進め方 ❶左側の選手（青）が、右側の選手（赤）の動きに合わせて進む　❷まずはボールマスタリーの4つの内から2つを選んで行う。次はフリーで行う　❸左右を交代してもう1度行う

ポイント① コミュニケーションを取る

Coach's Advise
二人が同じスピードで、同じ足でボールタッチして進む。スタート時、お互いにコミュニケーションを取り、リズムを合わせよう。

ポイント② アイズアップだけでなく、首を振って確認する

Coach's Advise
横にいる選手と動きを合わせるために、アイズアップして前方を確認するだけでなく、首を振って横の選手も確認しよう。

ポイント③ 横にならんでスピードを合わせる

Coach's Advise
主導権を持っていないほうも相手のスピードに合わせて進む。横から見たときに、二人が重なるとよい。

STEP 4

友達と向かい合わせになりながら動いてみよう

二人で向かい合ってならび、一人は後ろ向きのままボールマスタリーをしながら進む。二人でボールタッチのリズムを合わせよう。

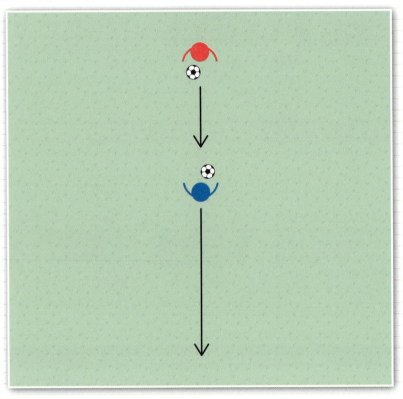

準備 スタート位置から二人が前後に向かい合い、10～15m先までボールマスタリーを行いながら真っすぐ進む

進め方 ❶前後に向かい合わせになりながら、後ろ向きに進む選手（青）が、前向きの選手（赤）の動きに合わせる　❷まずはボールマスタリーの4つの内から2つを選んで行う。次はフリーで行う　❸前後を交代してもう1度行う

ポイント① 鏡と同じように足も合わせて進む

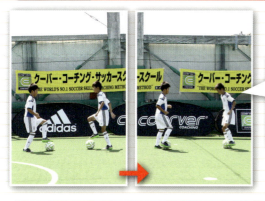

Coach's Advise

できるだけ鏡と同じように、向かい合った同じ足でボールタッチ（赤が右足なら、青は左足でボールタッチ）しよう。

ポイント② 頭も使って正確にプレーする

Coach's Advise

後ろ向きの選手は「後ろに進む、相手の足に合わせる、アイズアップして確認する、スピードを合わせる」など、頭も使う。

ポイント③ アイズアップしながら行う

Coach's Advise

後ろ向きの選手だけでなく、前向きの選手もアイズアップしながら行う。

STEP 5

友達と競争しながら動いてみよう

向かい合った選手の動きに合わせてボールマスタリーを行う。
左右のゴールへすばやく出ていくドリブル競争トレーニング。

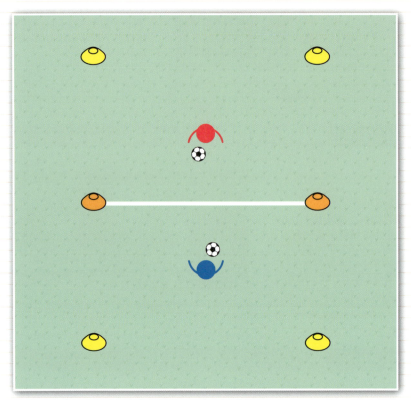

準備 横4m、縦3mの長方形にマーカー（黄）を置いて、中央で相手と向かい合ってボールを持つ。横の真ん中にもマーカー（オレンジ）を置いてゴールをつくる

進め方 ❶中央のスタート位置で、相手と向かい合う　❷選手（赤）が主導権を持ち、選手（青）が動きを合わせる　❸スポットでボールマスタリーを行う。選手（赤）のタイミングで左右どちらかのマーカーへ動き出す。どちらが速く通過するかを競争する　❹3回勝負して、主導権を交代してもう1度行い、勝った回数を競い合う

ポイント① 主導権を持ったほうは自分のリズムでタッチ

Coach's Advise
ここでは主導権のある選手は自分のリズムでボールタッチを行う。むしろ相手に合わせられないようにする。

ポイント② アイズアップしてタイミングを逃さない

Coach's Advise
動きを合わせるほうは、アイズアップをして、相手と足を合わせて（鏡のように主導権のある選手が右足なら、もう一人の選手は左足）、うまくスタートを切れるようにする。

ポイント③ 速く、正確にタッチする

Coach's Advise
主導権を持った選手は、動き出す瞬間にタッチミスをしないように、あせらず、速く、正確にタッチする。

指導者のための技術とともに心も育てるコーチング術

Adviser
中川英治
（クーパー・アカデミー・オブ・コーチング ヘッドマスター）

テーマ「自信のつけさせ方」

技術の向上が自信につながる

　選手育成の要素は、技術、戦術理解やフィジカル能力、コンディショニング、メンタルと多岐にわたります。すべてを兼ね備えた選手が、誰もが認めるベストプレーヤーです。クーパー・コーチングでは、特に技術を育てることを理念としています。どのような戦術やシステムも、実行するためには技術が必要になるからです。ただし、技術以外を無視するつもりはありません。戦術理解やメンタル強化を重視する、我々とは異なるアプローチもあり、誰もがトータルに優れた選手の育成を目指しています。目指す山は同じだけれど、登るルートが少し違うと考えていただくと分かりやすいかもしれません。「技術とともに心も育てる」のが、私たちの方法です。

　技術を身につけると、自信がつきます。例えば、ボールを扱う技術に自信がなく、ボールを持っても慌てて味方にパスをする選手がいたとします。しかし、ボールコントロールや1対1のテクニックを磨くと、ボールを奪いに来る相手を1人、2人とかわすことができるようになります。すると、その選手はボールを持つ前に把握していた味方へのパスだけでなく、より多くのプレーの選択肢を持つことができるようになります。2人かわせば、ゴールへのシュートコースが見えるかもしれません。1人かわせば、横だけでなく前にもパスコースが広がるかもしれません。できるプレーが増えたことを実感すれば、自信になります。自信を持って複数の選択肢を考慮できるようになると、戦術理解度も高まります。結論としては、技術の獲得によって自信を得ると、選手の成長につながると言えます。

子どもへのフィードバックの言葉がけが重要

　では、自信をどのように育むのかということがテーマとなります。俗に「成功体験」と言われる言葉がありますが、心理学の用語では「効果の法則」と言いま

す。一度、成功を収めると、同様の成功を期待して自主的に同じ行動を繰り返すことを示します。たとえば、小さな子どもが、落ちていたゴミを拾ってゴミ箱に捨てたとします。それを見ていた大人が「よく気づいたね。ありがとう。素晴らしいね」と褒めたとき、子どもが喜びを感じたならば、またゴミが落ちている状況に出くわしたとき、子どもは自然ともう一度ゴミ箱に捨てようと考えるのではないかということです。

　サッカーの技術にも同じことが言えます。ボールコントロールに必要な体の使い方を教えるだけではありません。選手が新しい成功を収めたときに、指導者が成功を認めてフィードバックすることで、選手は同じ成功を得ようとして技術の習得に励もうとします。そのうち、できなかったはずのことが、少しずつできることに変わっていく可能性があります。効果の法則を使いながら、技術習得のプロセスを進んで行くことが重要と考えています。

　選手は、いくつかの成功体験を積み重ねていくことで「はじめはできないことでも、頑張り続ければできるようになる」という正しい有能感を得ることができ、自尊心が芽生えるでしょう。心の変化は、サッカーのフィールド内だけでなく、オフ・ザ・ピッチにも影響を与えることがあるようです。たとえば、勉強で少し難しい問題が出て来ても、必ず解けるはずだという気持ちで挑戦する回数が増えていきます。強豪高校のサッカー部の監督さんたちも「勉強を頑張っている時期と、サッカー選手として成長する時期は重なる」という話をよくしています。習得する技術を身につけると考えると、分かりやすいかもしれません。

　ただし、なかなか成功体験につながらない例もあります。たとえば、逆上がりがまったくできない子に「頑張ればできるようになるよ」と言っても、本人は「きっと、できない」という思いを捨てきれません。成功を得るためには心理学用語で「目標設定の原則」と言われる手法が必要です。

　多くの人は、手の届きそうにない目標に対しては、あまり努力をしないものです。逆に、あともう少しと感じる目標には、自然と努力をします。目標を細分化して、現状に即した段階から少しずつ引き上げるようにしています。

　たとえば、逆上がりの補助板を使って、鉄棒の高さまで足を上げられたけど落ちてしまうとします。傍目では、失敗です。しかし、腰の高さから胸の高さへ、胸の高さから頭の高さへと少しずつの進歩を成功と捉え、目標を引き上げていくと考えると、単なる失敗ではなく、成功への過程として考えることができます。サッカーで高度なフェイントを教えるときも、目標を細分化して少しずつ目標とする形に近づけていきます。最終形だけを実演して、真似してみようと言うだけでは、難しいと感じてしまった子を上手にすることはできません。

　スクールでは、複数の選手に対して同じ課題を与えることが多いので、指導者は個々の状況を見極めてフィードバックをしなければいけません。正対した相手へのパスでも、相手の利き足へきっちり

とパスを出せる子、5センチずれる子、10センチ以上ずれる子がいます。サッカーを始めたばかりの子なら、自分の足をボールに当てるところから始めなければいけないかもしれません。それぞれのレベルに合わせて、もう少し上の目標へと導くような声かけを心がけています。大人の役割は、子どものやる気を引き出すことです。ただ、目標設定が簡単になってしまっても、子どもは面白くないでしょうから、ウォーミングアップや練習を通じて、普段の練習から各選手の成功を見逃さないことが重要と考えています。

　良いプレーをしたときに「ナイス」と声をかけておけば、別の課題に取り組むときに「あのパス、良かったじゃないか。君は10センチずれているパスが多いけど、5センチまで近づけられるんじゃないか」という声かけが、有効なものになると思います。一方的に目標を設定するのではなく、選手と目標を共有しやすくなるのではないでしょうか。

　いつも選手を観察し、フィードバックをしてあげるようにしています。現実的で挑戦しがいのある目標を見つけてあげることが大事だからです。我々は、グループでトレーニングをしていますが、役割としてはパーソナルコーチだと考えています。

「○○しなさい」の指示だけでは意味がない

　親御さんでも指導者でも意外と多いのが、指示を言いっ放しにしてしまうケースです。「勉強しなさい」と言っただけ、「もっと丁寧にパスを出せ」と言っただけというのは、コーチングなのか？　と私自身も自問することがあります。指示しただけで指導した気になってしまう、大人の自己満足です。子どもや選手に行動を求めたら、実行するプロセスを見て、評価、フィードバックをしてあげるべきだと思います。何をどこまで勉強をしたのかまで把握しなくても「テストに勉強の成果が出て良かったね」とか「親に言われなくても勉強をできるようになったね」と、取り組んだことや変化を認めて伝えることが必要です。お母さんたちも、日々、家庭で工夫をして料理を作ってくれます。家族の皆さんは当たり前のように食べるだけではなく、「美味しかったよ、ありがとう」と一言、添えるべきですよね（笑）。

　サッカーの話に戻りますが、技術を習得しようとするときには、形だけを真似しても大幅な進歩は望めません。技術を習得する過程において、段階的な目標設定を行い、成果や成功を認めて効果の法則を参考に選手を導く努力をするべきと考えています。

　そうすることで、子どもは有能感、自尊心を身につけていくと信じています。大人は、彼らが自信と意欲を持って挑戦できるように、現実的な目標を共有し、フィードバックを行うことで、手助けをしてあげられると思います。

Chapter 2

Feint
フェイント

フェイントを使う目的は、相手のプレッシャーをはずし自ら突破のためのスペースをつくることです。1対1の状況で相手をかわすために、さまざまなフェイントのワザを身につけましょう。

Chapter 2

1v1で使える「フェイント」とは?

Chapter2で紹介するのは、フェイント。相手をかわすためにさまざまなフェイントのワザを身につけられるようにトレーニングしましょう。

大事なポイント

相手をずらして、突破するスペースをつくる

　フェイントを使う目的は、相手のプレッシャーをはずし自ら突破のためのスペースをつくることです。

　相手を動かして逆を取り、スペースに加速すれば、一瞬で相手をかわすことができます。

　相手が正面にいるときや自分の背中方向からプレッシャーを受けているときにも使うことができるでしょう。

　たとえスペースがない場合でも、相手をまどわして動きが固まった隙をつき、突破を可能にします。自らつくったスペースに出て、パスやシュート、ラン・ウィズ・ザ・ボール（ドリブル）につなげることができるでしょう。

今回紹介している「フェイント」

ドラッグプッシュ	p060
ドラッグシザーズ	p062
ダブルタッチ	p064
チョップフック	p074
ダブルチョップフック	p076

どんなプレーができる？

自分から仕掛けられるようになる

　相手をかわすフェイントは、自らくり出さなければなりません。そのためにも自分から仕掛けていく意識が大切です。

　ワザを自分から仕掛けることで、相手の重心をずらして、その反対に突破することができるでしょう。相手ペナルティーエリア付近で、相手を抜くことができればシュートができます。

　サイドのエリアでも相手をはずして、クロスボールを上げたり、中央へ切り込んだりすることができるようになります。

トレーニングのコツ

自らの重心をずらして、相手の重心もずらす

　相手の足が届く間合いに入らず、ギリギリの距離感で仕掛けることを意識します。近すぎても、遠すぎてもよくありません。トレーニングすることでその感覚を覚えましょう。

　また、足先だけでボールタッチをせずに、軸足をしっかりステップさせて、自らの重心をずらして、相手の重心もずらします。

　もし相手が反応しなければ、ワザをくり返し２回行うパターンもあります。相手がずれたらすぐに加速して相手を振り切りましょう。

　また、1つのフェイントだけではなく、相手がついて来たときなど、たくさんのオプションを持っていると選択肢が増えて、相手をかわすことができるようになるので、さまざまなフェイントを身につけましょう。

フェイント①

ドラッグプッシュ

インサイドでボールを横に引きずり、軸足をステップして踏み込み、同じ足のアウトサイドで斜め前に加速する。

1 インサイドでボールを横に引きずる

2 同時に軸足（左足）を軽くはねながらステップ

レベルアップポイント

1

インサイドとアウトサイドで連続してボールタッチする足は、地面につけずに行うこと。

2

足だけでフェイントを仕掛けずに、軸足をステップさせて、体全体を外側に大きく動かすと、相手の重心をずらすことができる。

コレをマスターするとどんなプレーができる？

相手の重心をずらして その反対に突破できる

3 軸足を踏み込む

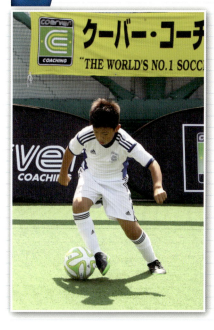

4 同じ足のアウトサイドで斜め前に出る

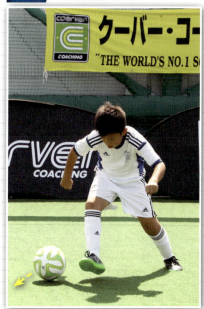

チェックシート

- ☐ インサイドのボールタッチと一緒に、軸足もステップできている
- ☐ ボールタッチする足を地面につけずに連続してタッチする
- ☐ アウトサイドの持ち出しを斜め前に運ぶ

フェイント②
ドラッグシザーズ

インサイドでボールを引きずり、タッチした足でボールをまたぐ。反対の足のアウトサイドで斜め前に加速する。

1 インサイドでボールを横に引きずる

2 軸足をステップして、同じ足でボールの前方に足を通してまたぐ

レベルアップポイント

インサイドでボールタッチして、アウトサイドで続けてタッチするように見せて、ボールの前方に足を通す。

ボールをまたぐと同時に足を踏み替えて、反対の足のアウトサイドで斜め前に持ち出す。

コレをマスターするとどんなプレーができる？

ドラッグプッシュで相手の重心をずらせないときでもかわすことができる

着地した足を踏み込む

反対の足のアウトサイドでボールを押し出す

チェックシート

- [ ] インサイドのボールタッチと一緒に、軸足もステップできている
- [ ] アウトサイドでタッチするように見せて、ボールの前方をまたぐ
- [ ] 反対の足のアウトサイドで、押し出して加速する

フェイント③
ダブルタッチ

インサイドでボールを横にずらして、すばやく反対の足のインサイドでボールを前に運び加速する。

1 ボールを体の下に置いて、いつでも触れる状態

2 インサイドでボールを横にずらす

レベルアップポイント

1タッチ目のインサイドでボールを横にずらしたとき、ボールと一緒にサイドにステップして、自分も動く。

インサイドの連続タッチはできるだけすばやく行う。スピードの変化で抜いていく。

コレをマスターするとどんなプレーができる？

足元に置いたボールにタックリングしてくる相手をかわして突破することができる

③ ボールと一緒に自分も横に動く

④ 反対の足のインサイドでボールを前に運ぶ

チェックシート

- ☐ インサイドでボールを横にずらして、自分も横に動く
- ☐ 左右のインサイドでできるだけすばやくタッチする
- ☐ 横にずらして、前にボールを運ぶことができる

STEP 1

一人で動きながらやってみよう

ボールを持ち出して、自分もボールも動いている状態からフェイントをやってみよう。

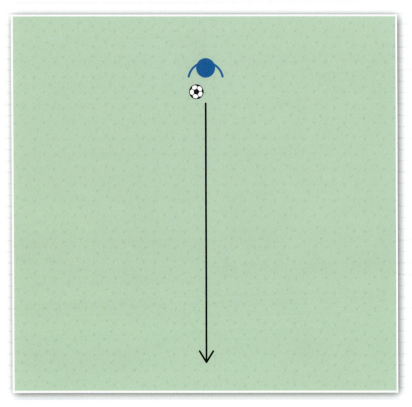

準備 スタート位置から10〜15m先までフェイントを入れながら進む

進め方 ❶スタート位置から2、3mドリブルしてからフェイントを仕掛ける ❷フェイント後、加速する ❸「ドラッグプッシュ」「ドラッグシザーズ」「ダブルタッチ」の3つのフェイントを行う

ポイント①　ドリブルのスピードをコントロールする

❶

❷

❸

❹

Coach's Advise
スピードを上げすぎるとフェイントを仕掛けにくくなってしまう。フェイントを仕掛ける前は、スピードをコントロールしよう。

ポイント②　相手の重心がわかるように少し顔を上げる

Coach's Advise
ボールばかり見ず、相手の重心がどこにあるかわかるようにアイズアップをしよう。

ポイント③　最後は加速しよう

❶

❷

❸

❹

Coach's Advise
フェイントを仕掛けたあと、加速して相手を抜きさる。最後のタッチで加速しやすい位置にボールを運ぶようにしよう。

STEP 2

一人でコーンを相手にやってみよう

正面にコーンを置いて、コーンを相手だと思ってフェイントを仕掛けて、かわしたら加速しよう。

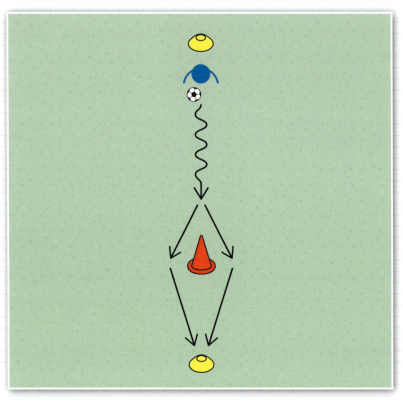

準備 スタート位置と止まる位置にマーカーを置く。スタート位置から3m先にディフェンダーに見立てたコーンを置く

進め方 ❶スタート位置からコーンに向かってドリブル ❷コーンの手前でフェイントをしてコーンに当たらないようにかわす ❸フェイント後、加速する

ポイント① ディフェンダーをイメージする

❶

❷

❸

❹

Coach's Advise
コーンなどの目標物があると、タッチの質が変わる。ディフェンダーをイメージして、相手に向かう感覚を覚えよう。

ポイント② 相手との距離感を覚える

Coach's Advise
相手との間合いを意識してフェイントしよう。相手の足が届く間合いをイメージして、そこに入らないような距離感で仕掛ける。

ポイント③ 加速する角度がわかる

Coach's Advise
相手との間合いは加速する角度も大事。加速する角度も意識して、スペースへ突破しよう。

STEP 3

友達と突破ゲームをやってみよう

中央のマーカーの間にディフェンダーがいる。ディフェンダーをかわして、ディフェンスラインを突破しよう。

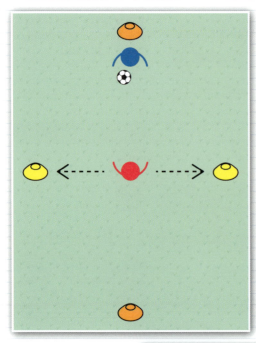

準備

スタート位置にマーカー（オレンジ）を置いて、そこから5m先にディフェンダーが立つ。ディフェンスのラインを4m幅にマーカー（黄）を置き、さらにラインの5m先にゴールとなるマーカー（オレンジ）を置く

進め方

❶アタッカー（青）はディフェンダー（赤）をかわして、ディフェンスラインを突破したら勝ち　❷赤は幅4mのディフェンスライン上（マーカーの間）の横しか動けない　❸赤は青をタッチ（ボールなしの時）または、ボールをカット（ボールありの時）したら勝ち　❹まずはボールなしではじめて、のちにボールを使ってドリブルで突破。攻守は、交互または回数・時間などで交代しよう

バリエーション

ディフェンダーの移動範囲を拡大する

ディフェンダーは横にしか動けなかったが、前後に動けるように前に1m範囲を拡大する。相手との距離感が変わるため、赤が前に1歩出てきたら、青は、より早くフェイントを仕掛ける必要がある。赤は自分から間合いをつめていく、自分の間合いに相手を入れる。試合と同じように、先に主導権を握れるように駆け引きをする。

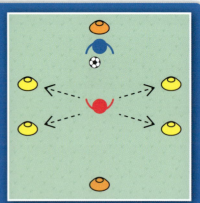

ポイント① 突破する感覚を養う

Coach's Advise
ボールなしでやることで、足元に行きがちな意識をとりのぞき、相手との距離感や相手の重心を見て突破する感覚を養う。

ポイント② 相手との距離感を覚える

Coach's Advise
ディフェンダーの伸ばした手と、ボールを奪いにくる足の間合いの距離感は似ているため、その距離感を覚えることができる。

ポイント③ スピードの変化

Coach's Advise
フェイント前はゆっくり、フェイント後はスペースに加速して相手から離れよう。

STEP 4

友達とボール当て&ライン突破ゲームをやってみよう

ディフェンダーを突破して、ボールを当てるか、最終ライン突破するかのゲーム。
ディフェンスもボールを奪えば得点のチャンス！

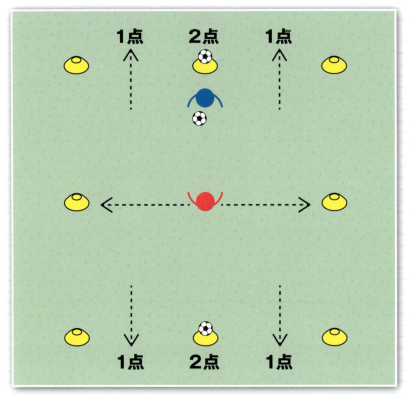

準備 横10m縦15mの長方形にマーカーを置き、各辺の中心にもマーカーを置く。最終ラインの中央にゴールとなるボールを配置

進め方 ❶アタッカー（青）は奥からボールを持ってスタート。ディフェンダー（赤）は真ん中からスタートする　❷攻守の切り替えありで設定し（赤は奪ったら突破する）、赤は守備のとき、半分より前には出られない。ボールを奪ったときのみラインを越えられる　❸ゴールとなるボールに当てたら2点（ドリブルで持ち込んで当てる。遠くから蹴ってはいけない）。最終ラインを突破したら1点　❹攻守を交互に行い、4回戦で勝負。合計点で争う

ポイント① つねに状況判断をする

Coach's Advise
ボールを当てにいく。無理なら突破する。ボールを奪われたら、ゴールを守ることや突破させないことを考えながら、つねに状況判断をする。

ポイント② スピードに乗ったドリブルで突破

Coach's Advise
ディフェンダーは半分より前に出られないから、アタッカーは動きながらスピードに乗ったドリブルで突破をねらう。コーンのときと同じ感覚だ。

ポイント③ 攻守の切り替え

Coach's Advise
お互いに得点を取るチャンスがあるため、ボールアウトするまではあきらめずに攻守の切り替えをすばやくして続けよう。

フェイント④

チョップフック

軸足となる足を前に置き、反対の足のインサイドでボールをチョップ（はじく）して軸足の後ろを通し、反対のスペースに抜ける。

1 体の真ん中にボールを置く

2 軽く右足でジャンプをする

レベルアップポイント

1

チョップフックするとき、軸足が前にあるとボールが軸足に当たらず、スムーズにタッチできる。

2

軽くジャンプして、着地と同時に重心をインサイドにあずけて、ボールをチョップするイメージ。

コレをマスターするとどんなプレーができる？

スピードを変えずにオープンスペースに侵入できる

3 着地と同時にインサイドでボールをチョップ（はじく）する

4 タッチした足と反対方向へ加速する

CHAPTER 1 ボールマスタリー

CHAPTER 2 フェイント

CHAPTER 3 方向転換

CHAPTER 4 ストップ&スタート

チェックシート

- ☐ 軸足を前に持ってきてから、インサイドでタッチ
- ☐ インサイドに重心をかけてボールをチョップする
- ☐ ボールをチョップしたら、反対の足でタッチし加速する

フェイント⑤

ダブルチョップフック

インサイドでボールを軸足の後を通すチョップフックを2回連続して行い相手をかわす。

体の真ん中にボールを置く

軸足で軽くジャンプする

着地と同時にインサイドで軸足の後ろを通して、反対のスペースにチョップする

左足をボールの前についてターン

レベルアップポイント

チョップフックを連続して行うため最初のボールタッチの強さに気をつける。時間をかけずに、次のタッチができる位置に置く。

バランスを崩しやすい動きなのでボールをチョップしたあと、足をクロスさせて、スムーズにターンをしよう。

コレをマスターするとどんなプレーができる?

相手がついてきても もう1度反対のスペースをねらえる

5 体の中心にボールを置いて

6 軸足で軽くジャンプする

7 もう一度、インサイドでチョップする

8 体の向きを変える

チェックシート

☐ 軸足を前に持ってきてから、インサイドでタッチ

☐ インサイドに重心をかけてボールをチョップする

☐ 1回目のタッチで、ボールが体から離れすぎない

STEP 1

一人で動きながらやってみよう

ボールを持ち出して、自分もボールも動いている状態から一人でフェイントをやってみよう。

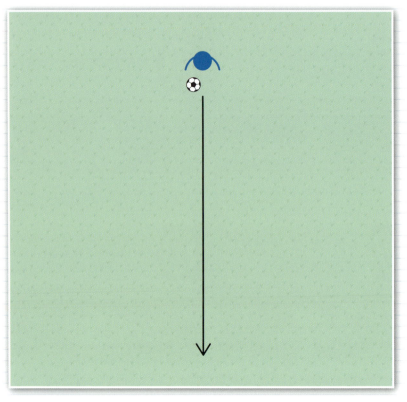

準備 スタート位置から10〜15m先までフェイントを入れながら進む

進め方 ❶スタート位置から2、3mドリブルしてからフェイントを仕掛ける ❷フェイント後、加速する ❸チョップフックとダブルチョップフックの技をトレーニングする

ポイント① ドリブルのスピードをコントロール

Coach's Advise

持ち出しのスピードが速いとボールが体から離れてしまい、うまくできない。チョップしてから加速しよう。

ポイント② 動いているボールを止めずにはじく

Coach's Advise

試合中、止まっているボールをフェイントすることは少ない。動いているボールでもしっかりチョップできるようになろう。

ポイント③ 最後は加速しよう

Coach's Advise

チョップフックしたあとに、アウトサイドで押し出して加速をする。加速しやすい位置にボールをチョップしよう。

STEP 2

一人でコーンを相手にやってみよう

前方にコーンを置いて、コーンを相手だと思ってフェイントを仕掛けて、かわしたら加速しよう。

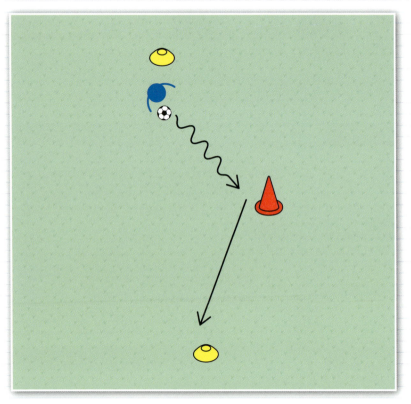

準備 スタート位置と止まる位置にマーカーを置く。スタート位置から3m先にディフェンダーに見立てたコーンを置く

進め方 ❶スタート位置からコーンに向かってドリブル ❷コーンの手前でフェイントをしてコーンに当たらないようにかわす ❸フェイント後、マーカーまで加速する

ポイント① 相手の足が届かない間合いを想定する

Coach's Advise
相手との間合いを意識して行う。遠すぎず、近すぎないこと。相手の足が届かない間合いを想定してチョップをしよう。

ポイント② チョップする角度を覚える

Coach's Advise
相手を想定してやると、チョップするボールの持ち出しの角度がわかる。スペースへすぐに出ていける位置にボールを置く。

ポイント③ かわしたら加速する

Coach's Advise
チョップフックでせっかく相手の反対を取れたとしても、そのあとしっかり加速して出ていかないと突破できない。

STEP 3

友達とボール当て&ライン突破ゲームをやってみよう

ディフェンダーを突破して、ボールを当てるか、最終ライン突破するかのゲーム。
ディフェンスもボールを奪えば得点のチャンス！

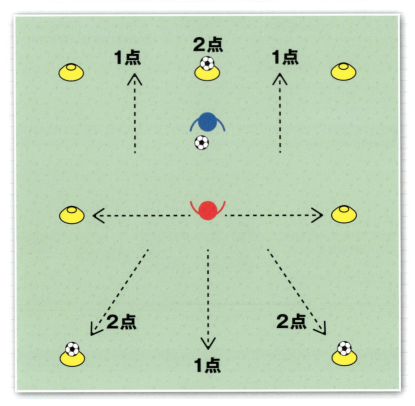

準備 横10m縦15mの長方形にマーカーを置き、タッチラインの中心にもマーカーを置く。アタッカー（青）のゴールとなるボールは左右に2個、ディフェンダー（赤）のゴールとなるボールは中央に1個それぞれ置く

進め方 ❶アタッカー（青）は奥からボールを持ってスタート。ディフェンダー（赤）は反対側からスタートする　❷攻守の切り替えありに設定して（赤は奪ったら突破する）、赤は守備のとき、半分より前には出られない。ボールを奪ったときのみラインを越えられる　❸ゴールとなるボールに当てたら2点（ドリブルで持ち込んで当てる。遠くから蹴ってはいけない）。ボールとマーカーの間のラインを突破したら1点　❹攻守を交互に行い、4回戦で勝負。合計点で争う

ポイント① オープンスペースをねらい突破する

Coach's Advise

突破してゴールをねらう。アタッカーは左右にゴールが2つあるため、どちらもねらえる。左をねらいにいって、切り返して右をねらう。

ポイント② 片方のコースを切って限定して狙う

Coach's Advise

ディフェンダーは左右どちらかのゴールのコースを切って、相手が攻めるコースを限定して奪いにいく。そこから攻守を切り替えて加速する。

バリエーション

スタートの位置を変えて、入り方も選択する

スタートの位置を中央からサイドに変更する。エリアへの入り方も、その場からすぐ攻撃に入るか、反対サイドのマーカーから入るか、選択をする。ディフェンダーは相手の動きに合わせて同じサイドからエリアに入って、ボールを奪いにいく。どちらもサイドからの攻撃になるため、ディフェンダーはコースを限定しやすくなり、守りやすい。

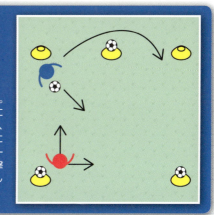

指導者のための技術とともに心も育てるコーチング術

Adviser
中川英治
(クーバー・アカデミー・オブ・コーチング ヘッドマスター)

テーマ 「効率を高める環境づくり」

いつもとは違う心理状況に気づいてあげよう

　サッカーの練習は、主にグループで行われます。一定の人数が、同じ時間で同じメニューに取り組むわけですが、効率よく成長する選手とそうではない選手が出てきます。習得能力の違いもありますが、練習に臨む際の頭、心、体のコンディションによっても効率は異なります。

　目標と現実を一直線に結んで全力で突き進むことができれば理想的ですが、人間は誰でも感情や体調の起伏があるので、簡単ではありません。効率よく練習内容を吸収できない状況の場合、私たち大人は「集中しなさい」とか「やる気がないのか」といった言葉をかけてしまいがちです。

　しかし、チームに入ったり、スクールに通ったりする子は、本来、サッカーを楽しむ気持ちを持っていたはずです。ですから、周りの大人たちは「なぜ、集中し切れない状況にあるのか」を考えて対応するべきです。学校のテスト、学園祭、終業式などが近い時期は、特に感情が変わりやすく安定しないものです。

　また、そのような時期に、いつもと同じ練習をハードに行うと、集中力を欠いているためケガをしてしまう可能性が高いです。指導者や保護者は、彼らの感情の背景を知っておくことが大切です。

　私が指導を行うとき、ウォーミングアップだけはあえてノープランで臨むこともあります。生徒の心の状況に応じて変えるためです。私は指導者を目指す学生たちを教えています（クーバー・アカデミー）が、彼らにしても私がグラウンドに出ていく前に勝手にミニゲームを始めるくらいに元気なときもあれば、誰もボールを蹴らずにストレッチばかりやっているときもあります。元気なときは、強度の高い練習からでも集中力の高い状態で始められますが、元気がないときは初めに鬼ごっこなど気楽で遊びの要素が入ったメニューで楽しむところからウォーミングアップをします。

　練習前の状況や、集合した際の立ち

位置など、普段と違う場面が見られたら、いつもとは違う心理状況だというサインかもしれません。効率よく練習ができていないと感じたら、サッカー以外の場面で変化がなかったか確認するべきです。

楽しめない状況なら休ませることも重要

　実際に効率が落ちているときには、対策が必要です。集中できない状態では、一度の練習で効率が落ちるだけでなく、身体が疲れてしまい、サッカー自体が楽しくなくなってしまうからです。

　特に真面目な選手は、なぜ自分は成長できないのかと悩んで心を病んでしまう可能性もあります。

　一つの解決方法は、休むことです。やりたくない練習を集中せずにやるくらいなら、やらない方が良い場合もあると思います。海外では、オフ・シーズンを設けて、競技から離れ、家族と過ごす時間を持ったり、別の競技を楽しんだりと心身ともにリフレッシュをして、シーズン・インが待ち遠しくなる時間を作っています。

　スコットランドでは、ピッチからゴールをなくすこともあるほどです。日本の場合は、オフ・シーズンがないことが多いですし、休むと不安になる、あるいは「休む＝サボる」という先入観から、休むことは悪いことだと感じる人が多いように思います。

　しかし、身体のコンディショニングをしなければケガをするのと同じように、スポーツを楽しみながら成長していくためには、頭や心もリフレッシュしてコンディションを整えなければなりません。休む勇気を持つこと、休むという行動を肯定的に捉えることが必要です。

　もう一つは、選手が楽しいという気持ちを持てる状況をつくることです。人間は、行動と感情が結びついている状況の方がより経験を記憶に定着させることができると言われています。サッカーを始めた頃の無邪気な楽しさ、新たに何かができるようになったときの喜び、試合で負けた悔しさが、成長につながるのは、そのためです。

　小学生の頃は、選手が持っている目標を思い出させる言葉が効果的だと思います。「将来の目標は、何だっけ？」、「次の試合、いつだっけ？」と声をかけることで、理想に近づきたいという気持ちを呼び起こします。ほかには、モデリングという方法があります。「香川真司選手なら、どうするかな？」とか「本田圭佑選手だったら、どうすると思う？」と選手がイメージできる理想像を示すことで、自分は何をすべきなのかを考えさせることができます。「遠藤保仁選手は、スキルが高いだけでなく、試合中にこんなに走っているらしいよ」とデータを見せてあげるのも良いと思います。

　ただ、数字は明確な分だけ固執しがちです。数字で計れるのは、サッカーのパフォーマンスの一部だけですので、こだわり過ぎずに、あくまでも動機づけという認識で行うことが重要です。選手に覇気がないとき、私が怒っても子どもは仕方がなく真面目に取り組むふりをするだ

けで、問題は解決しません。

しかし「僕が教えていたプロ選手は、君と同じ年齢のときにここまでできたよ」と言うと、子どもたちは自分だってやってやるとか、できる人がいるならやってみようという気持ちで集中力をグンと高めることがあります。モデリングの場合、選手が憧れるものである必要があります。

よく、保護者の方が「○○君はできるのに、うちの子はできない」と比較してしまっていることがありますが、身近な選手との比較は子どもにプレッシャーを与えて、逆効果を生みかねないので、注意が必要です。

すぐには結果を急がず子どもの成長を見守る

いつ、どんな言葉をかけるべきか。プロの指導者であっても難しい問題です。いつでもすぐに集中力を高めさせられる魔法の言葉は、存在しません。元日本代表監督のイビチャ・オシムさんも「動機づけは、アートだ」と言っていました。サイエンス（科学）のように計ってできるものではないという意味です。

ただし、アートと言っても指導者や保護者のセンス任せにするのではなく、先ほど述べたように選手を観察することで、少しでも効果が生まれる確率の高そうなサポートや言葉を選ぶことが大切です。

そして、結果を性急に求めないことも重要です。子どもたちの多くは、先発争いやセレクションなどで挫折を味わいます。自信満々ではないにしても、やはり望んでいた状況にならないという現実を突きつけられることは、子どもたちにとってショックです。しかし、冷静に考えれば15歳や12歳といった年齢で「もはや、夢破れた」などという感覚になるのは、異様です。せめて高校卒業時あたりまでを見越して、選手が自分自身の可能性を信じられるようにサポートしてあげてほしいと思います。

日本は諸外国に比べて、自分の能力を過小評価する傾向があります。先ほど、モデリングを紹介しましたが、ときには「オレは、お前ができると信じているぞ！」という熱い言葉で、自分の可能性を信じるように促すことがより効果的なこともあります。効率よく練習内容を吸収できないとき、私たち大人には怒るよりもほかに、サポートしてあげられることがたくさんあるのです。

Chapter 3

Change of Direction
方向転換

方向転換は、相手陣内のサイドや中央で使うと効果的なワザです。ターンをしてオープンスペースへ向かう方向転換のワザで相手の逆をつきましょう。

Chapter 3

1v1で使える「方向転換」とは？

Chapter3 で紹介するのは、方向転換。ターンをしてオープンスペースへ向かう方向転換のワザで相手の逆をつきましょう。

大事なポイント

相手の進む方向の反対へターンして、オープンスペースへ進入

相手からプレッシャーをかけられて距離が近いときはボールをシールディング（ボールを守る）しながら、ターンをしてオープンスペースへ向かう。

これが方向転換です。相手陣内のサイドや中央で使うと効果的なワザです。

横からディフェンダーが寄せて来たり、ドリブルに対して並走して来たりしたら、方向転換して相手のいないスペースへ方向を変えましょう。

今回紹介している「方向転換」

Uターン	p090
Uターンステップオーバー	p092
フェイクUターン	p094
アウトサイドカット	p110
スラップカット	p112
ローウェーブ	p114

どんなプレーができる？

オープンスペースに突破できるようになる！

相手からプレッシャーを受けたとき、ボールとディフェンダーの間に自分の体を入れて、シールディングをしながらオープンスペースへ方向転換しましょう。

「Uターン」や「Uターンステップオーバー」ができれば、足の裏でボールを切り返してかわす動きが自然とできるようになります。

また、1対1の方向転換の動きが上達すると、相手のプレッシャーをうまく避けてドリブルで突破できるようにもなります。

トレーニングのコツ

ステップワーク、コーディネーション能力の向上

足の裏でのボールタッチの感覚をつかむためには、ボールマスタリーの1つである「ボールウォーク」からはじめるとよいでしょう。

リズムよくコントロールできる能力が養われます。

つねに左右の足でボールを触れるトレーニングなので、左右の足のキックやボールタッチの能力向上につながるでしょう。

さらに、ターンや加速をくり返すことで、体をうまく使って、バランスをとりながら、ステップワーク、コーディネーション能力も養われます。これらを意識しながらトレーニングしましょう。

方向転換①

Uターン

足の裏でボールをひっかくようにして、体の向きを鋭く変える。

1 Uターンするモーションに入る

2 左足を踏み込んで止まる

3 右足の裏でボールをとらえる

レベルアップポイント

1

足の裏でのタッチは、ボールをひっかくように行う。ボールは止めずに少しだけ動かす。

2

ボールをひっかくと同時に、軸足を回転させ鋭く方向転換する。おへその向きを進行方向に向けるイメージで行う。

コレをマスターするとどんなプレーができる？

スペースがないとき
スペースをつくることができる

4 足の裏でひっかくように
ボールを引く

5 同時に反対側へ
方向転換する

6 ボールを押し出して、
加速する

チェックシート

☐ 足の裏でボールを止めず、ひっかくように反対へ動かす

☐ 軸足を回転させて鋭く方向転換ができている

☐ 目線を上げながらできている

CHAPTER 1 ボールマスタリー
CHAPTER 2 フェイント
CHAPTER 3 方向転換
CHAPTER 4 ストップ＆スタート

方向転換②
Uターンステップオーバー

足の裏でボールをひっかくようにして、体の向きを鋭く変える。
さらに、ボールをまたいでもう一度反対方向へターンする。

1 Uターンするモーションに入る

2 左足を踏み込む

3 右足の裏でボールをとらえる

4 同時に体の向きを反対側へ方向転換する

レベルアップポイント

1 Uターンしたあと、インサイドでボールを押し出して加速するように見せて、ボールの横をまたぐ。

2 ボールをまたぎ、もう一度体の向きを切り返したら、アウトサイドで反対方向へすばやく加速する。

コレをマスターするとどんなプレーができる?

一度のターンでついてきた相手にもう一度ターンしてかわす

右足のインサイドでボールタッチして加速するようにみせて

そのままボールの横をまたぐ

上体をひねり、すばやく体の向きを切り返す

右足のアウトサイドで反対方向へボールを押し出す

チェックシート

- ☐ Uターンしたあとのボールの置きどころに気をつける
- ☐ Uターンしたあと加速するように見せ、ボールをまたぐ
- ☐ ボールをまたぐとき、足を上げすぎずにボールの横をまたぐ

方向転換③
フェイクUターン

相手にUターンをすると見せかけ、ギリギリのところでフェイクをするテクニック。

1 ボールを前に運ぶ

2 左足を上げ、ボールを止めるふりをする

レベルアップポイント

1

ボールタッチするように見せるためには、なるべく足をボールに近づけることが大事。そこから触らずに、そのまま運ぶ。

2

自分も少しスピードを落として、止まるように相手に見せておいて、止まらずに、ステップを踏み替えて反対足で加速する。

コレをマスターするとどんなプレーができる？

相手の動きを止めて
こちらはそのまま加速する

3 ボールタッチギリギリで やめて、Uターンしない

4 右足でボールを押し出して加速する

チェックシート

- ☐ 仕掛けるときのボールの位置は、Uターンと同じ
- ☐ 止まるように相手に見せておいて、止まらずに加速する
- ☐ なるべく足をボールに近づけてタッチするように見せる

STEP 1

一人でその場でやってみよう

ここでは、その場で止まった状態でできるメニューとして「ボールウォーク」を紹介。ボールを足の裏でひっかくようにして、反対の足の方へタッチする。

 右足の裏をボールにのせる

 ひっかくように左足へボールを動かす

レベルアップポイント

足の裏でボールを動かすとき、足首をひねりながらひざを高く上げるとうまくひっかくことができる。

ボールタッチした足は、スラップのように足をクロスさせずに、その場に置くとスムーズにステップが続けられる。

コレをマスターするとどんなプレーができる？

足の裏でボールを動かすのが うまくなる

3 足を踏み替えて、左足の裏をボールにのせる

4 ひっかくように右足へボールを動かす

チェックシート

☐ 足の裏でタッチしたあと、ひざを高く上げること

☐ ボールタッチした足は、クロスせずにその場に置く

☐ 足の裏でボールは転がさずに、ひっかくようにタッチ

STEP2
一人で動きながらやってみよう

足の裏でボールをひっかくように前に進む。帰りは後ろ向きで、バックステップして「ボールウォーク」で戻る。

前を向いた状態から、右足の裏をボールにのせる

右足の裏でボールを斜め左前に動かす

左足の裏でボールをとらえる

すぐに左足の裏でボールを斜め右前に動かす

レベルアップポイント

1 ボールを足の裏でひっかくと同時に、軸足で軽くはねて前や後ろに移動する。リズムよくステップできるようにしよう。

2 足の裏でボールを前後にひっかく感覚をつけることで、ターンできる角度が広がる。

コレをマスターするとどんなプレーができる？

足の裏で自由にボールを動かすことができる

 今度は後ろ向きで戻る。左足の裏をボールにのせる

 ボールを右斜め後ろに動かし、後ろにステップ

 右足の裏でボールをキャッチする

 ボールを左斜め後ろに動かし、後ろにステップ

チェックシート

- ☐ 真っすぐ進めているかを確認する
- ☐ 軽くはねながら、リズムよく移動できている
- ☐ 足の裏でボールをひっかくとき、ひざが上がっている

STEP 3

一人でコーンを相手にやってみよう

コーンを置いて、相手と見立ててUターンするタイミングを覚えよう

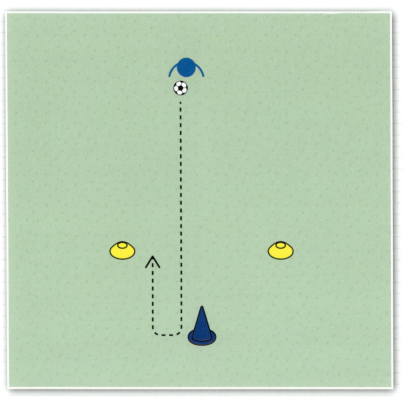

| 準備 | スタート位置から3m先にコーンを立てる。そのコーンの1m手前に2m幅でマーカーを置く |

| 進め方 | ❶スタート位置からコーンの横まで進む　❷コーンに当たらないようにUターンして、スタート位置までもどる |

ポイント① コーンに当たらないようにターンする

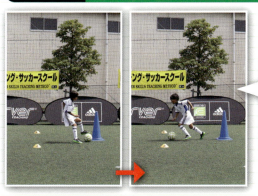

Coach's Advise
マーカーの位置まで加速して、内側に入ったらコーンに当たらないように、Uターンして加速する。

ポイント② シールディングを意識してターンする

Coach's Advise
コーンの横まで行ってからUターンする。ターンする瞬間にコーンとボールの間に体を入れてボールを守るシールディングを意識して行う。

バリエーション

コーンを増やして、ステップオーバーもやってみよう

マーカーのラインを境に、青のコーンと反対側に赤のコーンを立てる。スタート位置から青のコーンの横までドリブルして、足の裏でUターン。反対側に加速すると見せて、赤いコーンの横でステップオーバーしてもう1度ターン。すぐに加速して青いコーンを通過する。

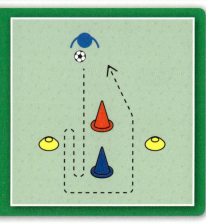

STEP 4

一人で三角形の中でやってみよう

直線的なUターンの動きを覚えたら、三角形をつくって、角度をつけた方向転換のトレーニングをやってみよう。

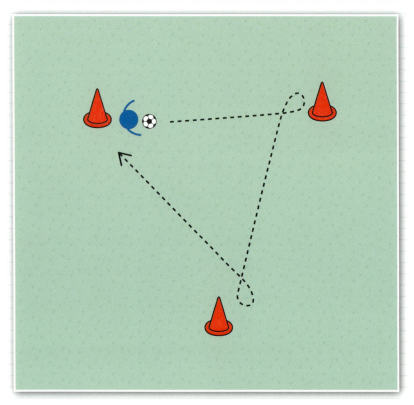

準備 コーンを3つ用意して、三角形をつくる。コーンの横にマーカーを置いてターンする場所の目印を置くとわかりやすい

進め方 ❶スタート位置から、時計回りに回る ❷次のコーンに向かってドリブルし、コーンの横でターンをする ❸ターンをしたあと、次のコーンにワンタッチで加速できるような角度にボールを置く ❹一周回ったら、反対回りも行う

ポイント① 1回のターンで次のコーンに体とボールを向ける

Coach's Advise

直線的なターンとは違い、三角形では角度がついて難しい。1回のターンで、すぐに次のコーンへ進むことのできる体の向きをつくる。

ポイント② ボールの置きどころにも気をつけよう

Coach's Advise

ターンをしたあと、ボールの置きどころにも気をつけよう。ターンしてすぐに次のタッチができる位置に置くようにしよう。

ポイント③ シールディングを意識してターンをする

Coach's Advise

コーンを相手と見立てて、ターンしたときにボールとコーンの間に体を入れて、シールディングを意識してターンをしよう。

STEP 5

友達とゴールをつけてやってみよう

三角形の応用編。ゴールの横からスタートして、2回ターンしたのちにゴールへパスをする。どちらが先にゴールを決めるか競争する。

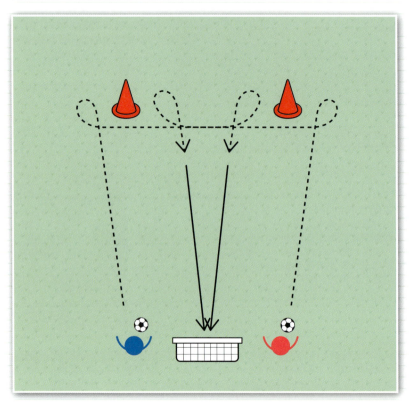

準備　ミニゴールを用意して（なければコーン2つでもいい）その両端からスタート。コーンを2本立てて、ゴールを頂点に三角形をつくる

進め方　❶ゴールの両端に立ってスタート　❷まずは目の前のコーンに対してドリブル。1回目のターンはコーンの外側から内側へターン　❸三角形の内側を向いたら、2回目のターンは、反対のコーンにドリブルして、また内側へＵターン　❹振り返ったらすぐにゴールへパスをする

ポイント① 両足でできるようになる

Coach's Advise
スタート位置によって、ターンする方向が左右で違う。両足でできるように、交代しながら行う。

ポイント② プレッシャーがかかる中で正確にプレーする

Coach's Advise
競争するとプレッシャーを感じて、正確性が下がりやすい。ターンしたあと、正確にボールが蹴れるところに置くようにする。

ポイント③ 相手の動きもよく見る

Coach's Advise
最短距離でゴールをねらい、相手とすれ違う場面ではぶつからないように相手もよく見てドリブルしよう。

STEP 6

友達が相手役となってやってみよう

相手と横にならんで並走する。相手の位置をよく見てUターンする。ターンするタイミングを覚えよう。

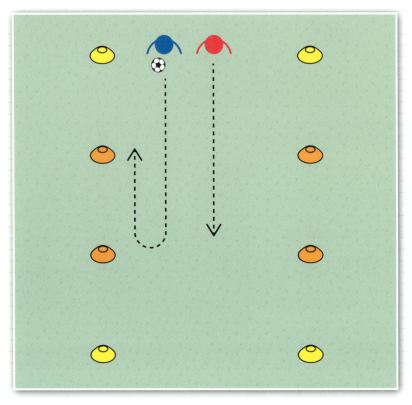

準備 マーカー(黄)の間からスタート。その先にマーカー(オレンジ)で正方形のスペースをつくり、そのエリアでターンをする

進め方 ❶スタート位置から二人で並走してドリブル ❷相手と横ならびになって、エリア内に入ったらUターンして、加速する ❸ディフェンダー役はボールを奪いにいかず、並走するだけ ❹相手を意識してターンをする

ポイント① 相手の位置を見てターンする

Coach's Advise
ターンするタイミングを覚えるため、相手の位置を見て、隣にならんだらUターンして、加速する。

ポイント② ターンするときはシールディングを意識

Coach's Advise
ターンするときはシールディングを意識して、相手とボールの間に自分の体を入れるようにする。ボールの置きどころにも気をつけよう。

バリエーション

相手がついてきたらもう一度ターンをする

1回のターンでついてくることを想定し、ステップオーバーでさらに反対側へターンをして加速するバリエーションもトレーニングする。

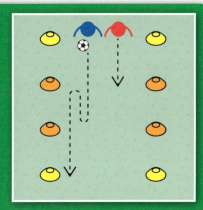

STEP 7

友達とライン突破ゲームをやってみよう

2つのコーンをならべたゴールを使って、ライン突破ゲームをやってみよう。

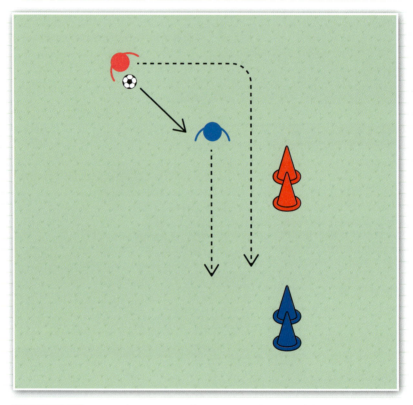

準備　コーンを2つならべたゴールを、2つ用意する。左側のマーカーからスタート

進め方　❶ディフェンダー（赤）がボールを持ち、アタッカー（青）にパスをしてスタート　❷赤は青の背後をグルッと回ってからディフェンスをする　❸コーン（赤）でも、コーン（青）でも通過すれば勝ち。ディフェンダーがボールを奪ったら攻守交代　❹相手がついてこなければターンせずにそのまま通過してもいい　❺相手がついてきたらターンを効果的に使って、どちらかのコーンの間を通過する

ポイント① まずはゴールをねらう

Coach's Advise
ボールを受けたらそのまま突破してもいい。ターンするかどうかは相手の状況を見てから決める。まずはゴールをねらおう。

ポイント② ターンはオプションである

Coach's Advise
相手が追いついて、突破がダメならターンをして、さらについてくればステップオーバーで引き離す。あくまでもターンはオプションである。

ポイント③ 奪われないようにシールディングを意識する

Coach's Advise
相手はボールを取りにくるので、シールディングをしてボールを守りながら、相手の反対のコーンをねらえるようにしよう。

方向転換④
アウトサイドカット

前に進むボールを足のアウトサイドでカットし、方向転換する。ターンした方向に加速する。

1 アウトサイドカットのモーションに入る

2 ボールの奥をアウトサイドでカットする

レベルアップポイント

1

足はボールの奥へ回し込み、アウトサイドでボールをカットし、足を地面につけて、自分の体を回転させる。

2

方向転換して加速するとき、軸足の位置がボールに近いと加速しにくい。距離を取って、強く踏み込んでから加速しよう。

コレをマスターするとどんなプレーができる？

急激な方向転換から スペースに出て行くことができる

3 方向転換して、軸足を踏み替える

4 アウトサイドでボールを押し出して加速する

チェックシート

- ☐ アウトサイドでボールをしっかり止めている
- ☐ 1回で方向転換ができている
- ☐ 加速するときの軸足がしっかり踏み込めている

方向転換⑤
スラップカット

前に進むボールを足の裏で前方にスラップして、アウトサイドでカットして方向転換する。ターンした方向に加速する。

1 スラップカットのモーションに入る

2 足の裏でボールを前方にスラップする

レベルアップポイント

1
足の裏でボールタッチして転がすことで、そのままパスやボールを運ぶように見せる。そこから反対側へターンをする。

2
アウトサイドカットして、ボールと一緒に自分も止まることができれば、すぐにアウトサイドで押し出して加速できる。

コレをマスターするとどんなプレーができる？

パスのフェイントにもなり相手をだましやすい

3 スラップした足を地面につけながらカット

4 方向転換して、すぐに加速する

チェックシート

- ☐ 足の裏でボールを転がして、スラップができている
- ☐ アウトサイドカットでボールが止まっている
- ☐ ボールを止めて、自分も止まって、方向転換ができている

方向転換⑥

ローウェーブ

前に進むボールをアウトサイドカットで止めるように、足を振り子のように動かす。ボールは止めずに、そのまま前に加速して相手を振り切る。

1 アウトサイドカットのモーションに入る

2 足を回し込むがボールには触れない

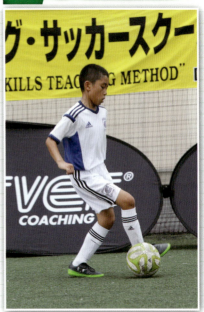

レベルアップポイント

1 実際にボールを止めるかのように見せるために、ローウェーブを行うとき、上半身を少し後ろに傾ける。

2 足をボールの前まで回して、アウトサイドカットするときと同じ足の動きで、ボールには触らずに足を戻す。

コレをマスターするとどんなプレーができる？

相手の足を一瞬止めて置きさることができる

3 足を引いて戻し、方向転換はしない

4 インサイドでボールを前に押し出して加速する

チェックシート

☐ 軸足をはねながらできている

☐ アウトサイドカットするときと同じ足の動きになっている

☐ ボールも自分も止まらず、相手だけを止める

STEP 1

一人で四角形の中でやってみよう

マーカーで四角形をつくって、角に来たらアウトサイドカットをする。

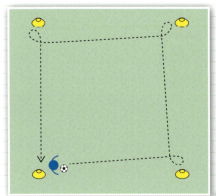

バリエーション

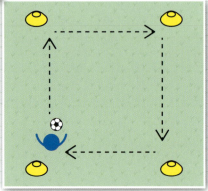

準備　4～5mくらいの正方形をマーカーでつくる

進め方　❶1つのマーカー（角）からスタートして、辺に沿ってマーカーからマーカーへ反時計回りにドリブルする　❷次のマーカーの前でボールをアウトサイドカットし、次のマーカーへ加速する　❸難しい場合は、難易度を下げるバリエーションのように、時計回りにアウトサイドカットをしていく

ポイント① 1回でターンする

Coach's Advise
マーカーの手前でボールをアウトサイドカットし、すばやく体の向きを変えて、次に進むマーカーに体とボールを向ける。

ポイント② 1タッチで加速する

Coach's Advise
ターンしたあと、次のマーカーへ加速するとき、できるだけアウトサイドの1タッチで次のマーカーまで移動しよう。

ポイント③ シールディングを意識したツイストオフ

Coach's Advise
180度ターンすることを「ツイストオフ」という。アウトサイドカットするときにシールディングを意識しよう。

STEP 2

一人でマーカーを使ってやってみよう

スピードに乗った状態でアウトサイドカットできるようになるトレーニングです。中央のエリアで2度カットして、もう1度加速しよう。

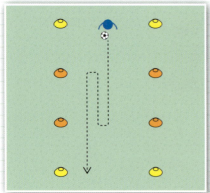

バリエーション

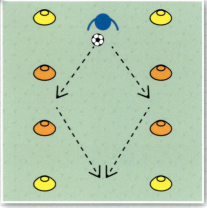

準備　スタートラインから4m先にマーカー（オレンジ）で2m四方のエリアをつくる。さらにその4m先にゴールラインを設定する

進め方　❶スタートから真っすぐスピードに乗ったドリブルで、中央エリアの奥のラインまで行き、1度目のアウトサイドカット　❷ターンをしたらエリアの手前のラインでもう1度アウトサイドカットをして、ゴールへ加速して、アウトサイドカットでボールを止めて終了

ポイント① ボールも自分も1回でターンする

Coach's Advise
走る距離が長く、スピードに乗った状態でカットするのは難しい。より実戦に近い状態で、ボールも自分も1回でターンをしよう。

ポイント② 次のプレーへスムーズに移る

Coach's Advise
ターンをして、スムーズに加速できるようにアウトサイドで正確にボールをカットしよう。

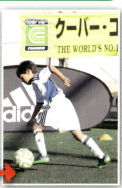

バリエーション

角度をつけてやってみよう

ポイントは変わらず、スタートで角度をつけてやってみよう。中央のエリアのサイドのマーカーの間に向かってボールを斜めに運ぶ。ボールをアウトサイドカットし、ゴールに位置していたところへ向かってツイストオフしてターン。これを3ケ所で行い、グリッドを一周する。

STEP 3

友達が相手役となってやってみよう

真っすぐドリブルして、相手に並走してもらう。目安のマーカーに近づいたらアウトサイドカットでボールを止めて、すばやくターンをする。

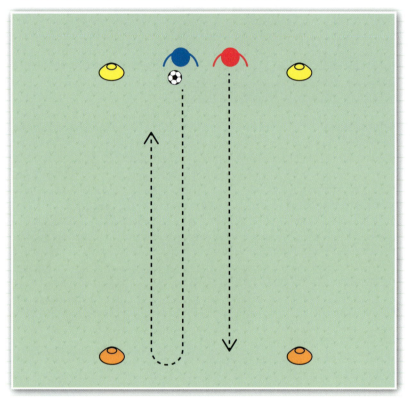

準備 2つのマーカーでスタートラインをつくる。そこから6m先にターンをする目安としてマーカー（オレンジ）を置く

進め方 ❶相手と二人で横ならびになり、真っすぐドリブルする ❷マーカー（オレンジ）に近づいたらアウトサイドカットでボールを止めて、スタートした位置に向かってターンをして加速する ❸相手役（赤）はドリブルやターンに対してついていくだけで、ボールを奪ってはいけない

ポイント① 相手から遠いほうの足でカットする

Coach's Advise
相手はついてきているだけだが、プレッシャーはかかる。まずはシールディンを意識して、相手から遠いほうの足でカットしよう。

ポイント② 相手の位置を確認して仕掛ける

Coach's Advise
相手の位置を確認することが大事。相手が近くにいないのにボールをカットしても意味がない。相手が横に来たときに仕掛けよう。

ポイント③ ターンをしたらより速く加速する

Coach's Advise
ターンしたあとも相手がいるため、ターンをしたらより速く加速しなければならない。実際の試合のような感覚で行う。

STEP 4

三人組でやってみよう

二人がボールを持って準備して、正面のマーカーへドリブルする。もう一人は二人のディフェンダー役となって、交互に寄せていく。それに合わせてターンする。

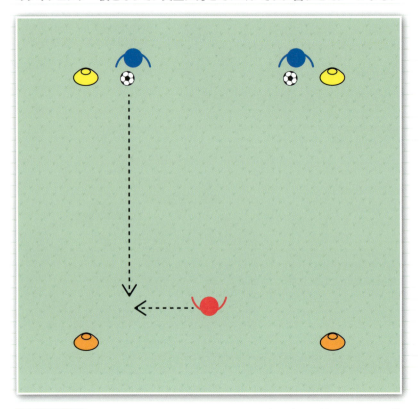

準備　5m間隔で正方形にマーカーを置く。二人はボールを持ってマーカーの位置で準備し、もう一人は反対側の前マーカーに立って、ディフェンダー役として準備する

進め方　❶ボールを持った選手（青）は正面のマーカーに向かってドリブルする　❷ディフェンダー役（赤）は、ドリブルする青に合わせてマーカーへ寄せて行く　❸青は赤の寄せに合わせてアウトサイドカットをして、ターンをする　❹二人の青は交互にドリブルして、赤はそれに合わせてマーカーを往復する

ポイント① 相手を食いつかせてアウトサイドカットする

Coach's Advise
相手を食いつかせてからカットする。アウトサイドカットは相手から遠い足でシールディングを意識して行う。

ポイント② スピードを上げて、強度の高いトレーニングにする

Coach's Advise
ディフェンダーが来たタイミングでターン。ディフェンダーはボールを奪わないが、サボることなく連続して寄せていく。

バリエーション

ツイストオフで相手の寄せをかわす

スタートで角度をつけて、青が斜めにドリブルする。赤がそれに合わせて寄せて行く。青は相手がくるタイミングでシールディングを意識しながら、ツイストオフでターンをする。続けてもう一人の青も行う。

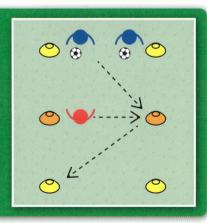

STEP 5

友達とボール当てゲームをやってみよう

相手からボールを受けて、左右どちらかのゴールとなるボールをねらう。
相手がついてきたらターンを使って反対のゴールを狙うこともできる。

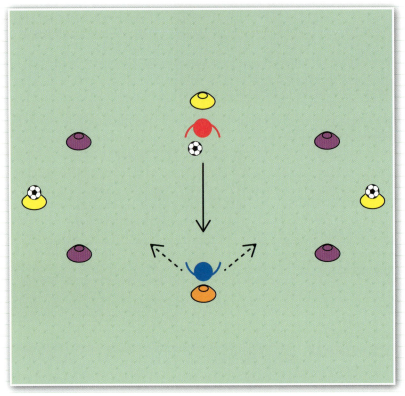

準備 真ん中でお互いに向き合ってスタート。左右にゴールとなるボールを置く。ボールの手前にマーカーを置いて、それを超えてからボールに当てる

進め方 ❶ディフェンダー（赤）がボールを持って、アタッカー（青）にパス。ここからスタート　❷青は左右どちらかのボールをねらう　❸赤がボールを奪ったら、その時点で攻守が入れ替わり、同様にボールをねらう　❹ゴールとなるボールに当てたら勝ち

ポイント① まずはファーストタッチでスペース突破をねらう

Coach's Advise
相手からパスを受けてゲームスタート。そのボールをファーストタッチで相手より先にスペースへ突破できればターンする必要なくゴールをねらえる。

ポイント② 相手の動きをよく見て仕掛ける

Coach's Advise
これまでトレーニングしてきたターンのタイミングやシールディングを頭に入れ、相手の動きをよく見て仕掛ける。

ポイント③ スペースがあるほうにターン

Coach's Advise
左右どちらのゴールをねらってもよい。スペースが詰まったら、スペースがあるほうにターンをする。

指導者のための技術とともに心も育てるコーチング術

Adviser
中川英治
(クーバー・アカデミー・オブ・コーチング ヘッドマスター)

テーマ 「子どもの可能性や創造性を引き出す」

独創性を伸ばす右脳の働き

　みなさんは「良い選手」をどのように定義するでしょうか。足の速い選手かもしれませんし、ボールを扱う技術に長けた選手かもしれません。あるいは、頭の良い選手でしょうか。どれもが正解ですし、正解を一つの要素で言い切ることはできません。

　たとえ、すべての要素を兼ね備えた選手がいたとしても、同じ能力の選手が相手にいれば差異はなくなります。身体能力や技術だけでなく、見る人の想像や相手の予測を上回る発想がなければ、状況を打開してゴールを奪うことはできないのです。良い選手になるためには、独創性や創造力が欠かせません。

　独創性は、年齢が幼いほど豊かです。思いついたままに動くので、大人が想像できない行動をとります。人間には右脳と左脳があり、右脳はアナログ脳とかクリエイティブ脳とか言われていて芸術性を生む能力を持っています。対する左脳は、デジタル脳と言われ、言語や計算など論理的な解釈を行う機能を司っています。年齢を重ねて知識や経験を増やしていくと、脳は発達した左脳に支配されていきます。余談になりますが、サッカーに関して幼い頃には技術を教え込み、年齢の成長とともに戦術理解が進んでいくという流れは、脳の発達の仕方に沿ったものになっています。

　さて、知識を増やしてプレーの選択肢を多く持つことは成長と言えますが、先ほどの話を考えると、独創性を持つ右脳が活躍する余地を残しておくことが重要になります。教え過ぎれば独創性がなくなり、放っておけば知識が不足するので、指導者や保護者の方にとっては、バランスを取るのが難しい分野です。

　指導者や保護者には、我慢が必要になります。子どもの行動に対して、すぐに間違いだと指摘したり、より効率の良い選択肢を教えたりすることは、独創性を削いでしまう可能性があります。

　以前、フットサルコートでミニゲームをしたときに、トゥーキックシュートでGKの肩口を射抜いてシュートを決めた

選手がいました。つま先でのトゥーキックは、ボールとの接地面が小さく、精度を欠きます。足の甲で打つインステップキックや、足の内側で打つインサイドキックに比べて、奨励されない傾向にあります。

どのキックでも選べる状況であれば、トゥーキックは理想的ではありません。だから、私は指摘をしました。しかし、彼は、ほかのキックでも狙えることや精度が高まることも理解した上で、速いタイミングで強く打てるトゥーキックを選んだ方が決まりやすいと思ったのだと言いました。

指摘をした手前、選手の意見を認めるよりも諭す方が良いかなという気持ちにはなりましたが、彼の考え方にも一理あるなと思い、その場は認めることにしました。

トゥーキックしか打ってない、考えられないのと、知識を得た上でチャレンジするのとでは、見た目は同じでもまったく違う意味を持ちます。もし、トゥーキックでしか打てないのであれば、そのままでは技術が足りない選手になってしまいます。逆に、頭ごなしに「トゥーキックで打つべきではない」と指導したら、彼が元ブラジル代表FWロマーリオのように、GKにタイミングを予測させないトゥーキックシュートの名手になる可能性を削ぐことになってしまいます。

指導者に求められる
許容力の重要性

選手が一般的な理論から外れた独創性を見せたとき、どのように接するのかが重要です。知識を与えるだけでは、指導者の想像を上回るドリブラーやパサーは育ちません。世界でアルゼンチン代表のカルロス・テベス（上海申花）やセルヒオ・アグエロ（マンチェスター・C）、イタリア代表のマリオ・バロテッリ（ニース）、イングランド代表のウェイン・ルーニー（エヴァートン）といった高給取りのストライカーやアタッカーは、とてもクリエイティブなプレーをします。必ずしも理屈通りのプレーばかりしているわけではありません。彼らのような選手を育てられるかという点で、指導者は許容力が問われます。個性とは、多数との「ズレ」です。ズレを認めることが重要です。ただ、気を付けなければいけません。子どもにすべての線引きを伝える必要はありませんが、指導者自身の判断材料となる許容範囲が曖昧ではいけないのです。一貫性のない指導になってしまいます。

先日、あるチームを訪れたときに、ユニフォームを忘れて来た選手が練習参加を認められずに帰宅しました。指導者の方は、忘れ物を何度も繰り返していた選手に対して注意を促したので、謝れば許されるという前例を作りたくなかったと話していました。実際には練習に参加させてあげたかったでしょうし、いろいろな見方ができるのですが、僕は勇気のある行動だなと感じました。彼の中に明確な基準があるということが伝わりました。忘れ物が多いことも個性と言えば個性かもしれませんが、何でも認められるわけではないという一例です。指

導者は、理想とするプレースタイルなどのサッカーに関する哲学だけでなく、青少年の育成指導に関する人生の哲学も持っているべきです。

　大切なのは、まず指導者が明確な哲学を持つこと。次に選手のプレーに許容範囲を持つこと、最後に選手の発想を否定しない形で選択肢を増やすような（知識の）伝え方をすることです。選手がやってみようと考えた行動は、指導者が示す規範の中で許容してあげなければいけません。すぐに否定すれば、左脳の支配によって「怒られないプレー」を覚えるばかりになり、創造性の豊かな選手にはなりません。当たり前のことですが、同じ人間はいない、同じ人間にはならないということを指導者はよく理解しておく必要があります。

　ですから、知識を与えるだけでなく、次の知識を求めたり、アイデアを生み出そうとしたりする環境を与えるというアプローチをしなくてはいけません。環境を整えることで、選手自身が知識を得る方向へ進むように導くのです。

　人間は、年齢が低いほど、自分のやりたくないことをやろうとしません。シュートを打つのが好きなFWが、守備をサボりやすいことは誰もが知っています。「守備をしなさい」と言うのは簡単ですが、そんな選手でも、調子が良いときや、自分が勝ちたいと強く思ったときには、自分から守備をするものです。そういうときを見逃さずに褒めたり認めたりすることが大事です。守備しかできない選手が攻撃的なプレーに挑戦したときも同じです。選手が自分で気付く瞬間を大事にしなければいけません。自分で考えてアクションを起こしたときは、成功も失敗も記憶に強く残ります。

　そもそも、練習や試合におけるアドバイスの多くは、結果論でしかありません。たとえば、2対1のシュート練習をします。相手選手にマークされた場合、味方は必ずフリーです。理屈としては、フリーの選手がシュートを打つと成功率が高くて理想的ということになります。だから、1対1でドリブルを仕掛けて奪われた場合、選手は「フリーの味方を使った方が良い」と言われます。しかし、1対1で突破したら、どうでしょうか。「味方のフォローがなくても突破ができる良い選手」と称される可能性が生まれます。

　指導者は、事象に対してすぐにリアクションをするのではなく、よく観察するべきです。偶然のミスなのか、意図的なプレーなのか、知識不足による選択なのかということを見極めなければいけません。毎回プレーの意図を確認することはできませんから、よく観察していることが大事です。サッカーの指導者は、目利きの仕事と言えます。選手の発想力を奪わずにプレーの選択肢を増やし、独創性を引き出せるか。教えるばかりでなく、ときにはじっと見守ることも重要なのです。

Stop & Starts
ストップ&スタート

Chapter4で紹介するのは、ストップ&スタート。スピードの緩急をつけて相手をかわし、自分のプレーするスペースをつくり出します。つねに正確なタッチを心掛けトレーニングしよう。

Chapter 4

1v1で使える「ストップ&スタート」とは？

Chapter4で紹介するのは、ストップ&スタート。スピードの緩急をつけて相手をかわし、自分のプレーするスペースをつくり出します。

大事なポイント

スピードの緩急をつけて、プレッシャーのタイミングをはずす

相手が横にいるとき、ボールを止めたり、スピードの緩急をつけたりして、相手をフリーズさせて、加速します。一気にボールを前に押し出すことによって相手から離れましょう。

横から自分にプレッシャーが来ていて、自分のプレーするスペースがなくなったときに、前方のスペースをうまく使います。

ドリブルのペースを急激に緩めたあとに加速することで、相手のプレッシャーのタイミングをはずし、突破のためのスペースをつくりましょう。

相手から遠い足でボールを持ってシールディングも意識して行うことで、簡単にボールを失わないようになります。

今回紹介している「ストップ&スタート」

プルプッシュ	p132
ハイウェーブ	p134
ステップキック	p136

どんなプレーができる？

スピードの落差を生むことができる

　スピードに優れた選手がストップ＆スタートを身につけることができれば、「動く⇒止まる⇒動く」というスピードの落差を生むことができ、相手を置き去りにすることができるでしょう。
　特に、相手陣内のサイドで縦に突破したいが、横から相手が並走しプレッシャーをかけてくる状況で、ストップ＆スタートのワザを行うと非常に効果的です。

トレーニングのコツ

つねに正確なタッチを心掛けトレーニングしよう

　たとえば、ボールマスタリーの「プルプッシュ」のようにボールを引いて、押し出すタッチは、正確に行うことがとても大切です。
　タッチの強さやボールの軌道の感覚がしっかり身につくことで、キックやファーストタッチの精度が高まります。
　相手の位置をしっかり確認して、スピードに緩急をつながら実践してみましょう。
　止まってからすばやく動き出す足の動きから、フットワークがよくなり、スピードを上げれば上げるほど、足さばきが速くなるでしょう。

ストップ＆スタート①

プルプッシュ

ボールを足の裏で引いて、すぐにインサイドで正確に前へ押し出して、加速する。

 足の裏でボールを止める

 足の裏でボールを引き、同時に軸足もステップ

レベルアップポイント

足の裏でボールをしっかり引く。同時に反対の軸足も一緒に後ろにはねて引くと、次のタッチがやりやすく、加速できる。

ボールを引いて、押し出すとき、真っすぐ前に運ばないと加速できない。インサイドの面でボールを真っすぐ押し出そう。

コレをマスターするとどんなプレーができる？

横につくディフェンダーの動きを一瞬止めてスペースをつくり出せる

3 インサイドでボールを正確に前へ押し出す

4 一気に加速する

チェックシート

☐ 足の裏でボールをしっかり引く

☐ ボールを引くと同時に軸足もステップする

☐ ボールを引いた後、インサイドで真っすぐ押し出す

ストップ&スタート②

ハイウェーブ

足の裏でボールを止めるかのように見せて、相手を一瞬フリーズさせる。
足を前後に振って、波のように動かす。

1 ハイウェーブのモーションに入る

2 足の裏でタッチすると見せ、ボールの上まで足を振る

レベルアップポイント

足の裏でボールタッチすると相手に見せるため、ボールの真上まで運ぶことが重要。足を前後に振って、波のように動かす。

足をボールの上まで運び、後ろに引き、ボールを前に運んで加速する。その間、地面につけずに、軸足を前にステップする。

コレをマスターするとどんなプレーができる？

相手の動きを一瞬フリーズさせられる

3 ボールタッチせずに、足を後ろに引く

4 振った足は地面につけないままボールを持ち出し加速する

チェックシート

- ☐ 足をボールの真上まで振って、止めるように見せる
- ☐ 軸足をステップして、勢いをつけてボールを前に運ぶ
- ☐ ボールは止めずに、相手を一瞬、フリーズさせて加速する

ストップ&スタート③

ステップキック

足の裏でボールを止めて、反対の足のつま先でボールをつつく。つついたら次の1歩目で加速しましょう。

1 足の裏でボールを止めにいく

2 足の裏でボールを止めると同時に反対の足をボールへ

レベルアップポイント

ボールを止めて、同時に反対の足のつま先でボールの中心を真っすぐつつくと、ボールを真っすぐ動かすことができる。

相手がフリーズするのは一瞬なため、ボールタッチした足が着地したら加速する。

コレをマスターするとどんなプレーができる?

相手の動きを一瞬フリーズさせられる

3 反対の足のつま先でボールをつつく

4 すぐに加速する

チェックシート

- ☐ ボールを止めると同時につま先でボールをつつく
- ☐ つま先でボールの中心を真っすぐつつく
- ☐ つついた次の1歩目ですぐに加速する

STEP 1

一人でマーカーを使ってやってみよう

先ほど行った3つのストップ＆スタートを中央のマーカー（オレンジ）でやって、加速していくトレーニングです。

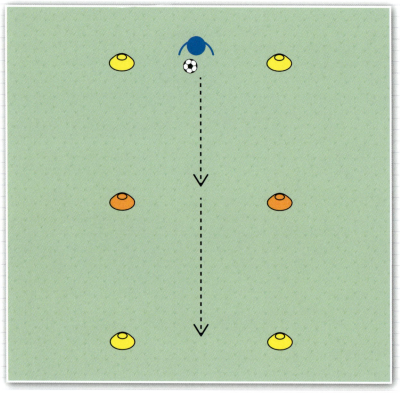

| 準備 | スタートラインから5m先にマーカー（オレンジ）を置く。さらにその5m先にゴールラインのマーカーを置く |

| 進め方 | ❶スタートラインから真っすぐスピードに乗ったドリブルで、マーカー（オレンジ）まで行く　❷そこでストップ＆スタートのワザをやって奥のラインまで加速する |

ポイント① つねにボールタッチできる場所に置く

Coach's Advise
ドリブルして、ボールが動いている状態の中、いつでもボールタッチできるところに置きながら運ぶ。そこからワザを仕掛ける。

ポイント② ワザを行うとき一瞬止まるふりをする

Coach's Advise
ストップ＆スタートのワザを行うとき、スピードをゆるめて自分も一瞬止まるふりをすることが大事。

ポイント③ ストップ＆スタートしたら加速する

Coach's Advise
ストップ＆スタートを仕掛けたとき、相手が止まっているのは一瞬なため、仕掛けたら時間をかけずにすばやく加速しよう。

STEP 2

友達が相手役となってやってみよう

真っすぐドリブルして、相手に並走してもらう。目安のマーカー（オレンジ）に近づいたらストップ＆スタートの技で相手を止めて、加速する。

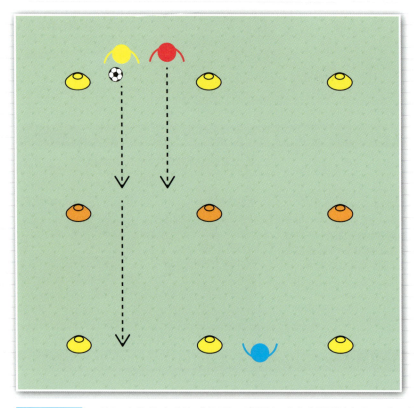

準備　スタートラインから5m先にストップ＆スタートをする目安としてマーカー（オレンジ）を置く。さらに5m先にゴールラインをつくる。そして、同じサイズのグリッドを2列ならべる

進め方　❶相手役（赤）と二人で横ならびになり、真っすぐドリブルする　❷マーカー（オレンジ）に近づいたらストップ＆スタートで相手を止めて、加速する　❸隣のグリッドに移動して、今度は黄色がディフェンス側となり、ボールを青にわたす　❹ディフェンス側はボールを奪わずに、真ん中のマーカーまで、相手の動きにしっかりついていく

ポイント① 遠いほうの足でボールを持つ

Coach's Advise
相手から遠いほうの足でボールを持って、シールディングを意識してドリブルする。

ポイント② 仕掛けたら加速する

Coach's Advise
中央のマーカーでストップ＆スタートのワザを仕掛けてから、すぐに加速して相手を置いていく感覚を覚えよう。

ポイント③ ディフェンスはプレッシャーをかける

Coach's Advise
ディフェンス側はボールを奪えないが、しっかりプレッシャーをかけて、ついていく。何もしないとマーカーと変わらない。

STEP 3

友達とゴールをつけてやってみよう

ストップ＆スタートのワザをやってから、先のマーカーでターンをして、ゴールへパスをする。どちらが先にゴールに入れられるかを競争する。

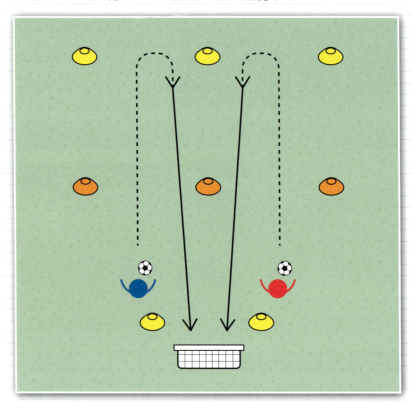

準備 ミニゴールを用意して（なければコーン2つでもいい）その前からスタート。スタートから3m先にマーカー（オレンジ）を置く。さらに3m先にターンの目安のマーカー（黄）を置く

進め方 ❶ゴールの前に立ってスタート　❷真ん中のマーカー（オレンジ）でストップ＆スタートをして、さらに先のマーカー（黄）でターンしてゴール方向を向く　❸振り返ったらすぐにゴールへパスをする。先にゴールに入れたほうが勝ち　❹三人いる場合は一人が審判となって、正確にストップ＆スタートができたかを確認する

ポイント① プレッシャーがかかる中で正確にプレーする

Coach's Advise
競争するとプレッシャーを感じて、正確性が下がりやすい。正確にストップ＆スタートをして、正確にゴールに入れる。

ポイント② 正確にストップ＆スタートをやる

Coach's Advise
先にゴールに入れたほうが勝ちだが、それだけではなく、正確にストップ＆スタートをできたら得点となる。

ポイント③ ボールの置きどころに注意

Coach's Advise
正確にプレーをするには、いつでもボールに触れられる置きどころが重要だ。ストップ＆スタートも、加速も、ターンからのパスも大切だ。

STEP 4

友達とゲート通過ゲームをやってみよう

ストップ＆スタートを生かした友達とのゲーム形式のトレーニング。ゲート通過を目的にしっかり判断してトレーニングしよう。

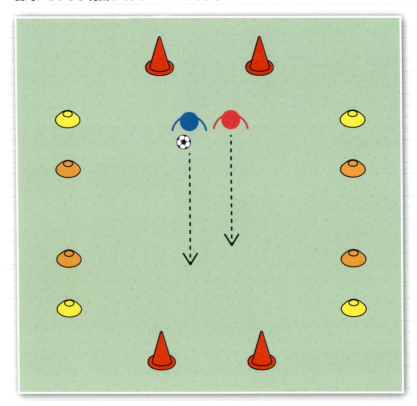

準備 ▶ コーンを2つならべたゲートを、上下に2つ用意する。上下それぞれのゲートの1m前にマーカー（黄）を置く。さらに1m先にもマーカー（オレンジ）を配置。中央には、マーカー（オレンジ）で5mの正方形をつくる

進め方 ▶ ❶アタッカー（青）がボールを持ってスタート。ディフェンダー（赤）はボールを持たない。二人は横にならんでスタート ❷青のタイミングでスタート。左右どちらかのゲートを抜けたら勝ち ❸中央のエリア内であれば、1回のストップ＆スタート、または2回まで左右どちらかにターンをしてよい。エリアを出たらターンはできない ❹アタッカーは2回目のターンをしたらその方向にしか進めない ❺ディフェンダーはボールを奪えない。アタッカーがねらう通過ゲートに先に通過すれば勝ち

ポイント① まずはゲートをねらう

Coach's Advise
ボールを持ってスタートするため、まずは正面のゲートをねらう。そこから相手を見てストップ＆スタートか、ターンをするかを選択する。

ポイント② ストップ＆スタートとターンはオプションである

Coach's Advise
1回のストップ＆スタート、または2回のターンはオプションである。スピードの緩急を使って加速しよう。

ポイント③ ディフェンダーはルールを頭に入れる

Coach's Advise
ディフェンダーはボールを奪えない。ルールを頭に入れて、相手の動きを見て、相手より先にゲートを通過する。

おわりに

『ジュニアサッカー クーバー・コーチング キッズのスキルアップ練習メニュー集』はいかがでしたか。

この本の内容が、少しでも「フットボールプレーヤー」であるみなさんの向上につながることを祈っています。

本書のテーマともなっている「1対1」は、フットボールプレーヤーにとって非常に重要なスキルです。「1対1」も他のスキルと同様に、反復練習なしには身につきません。本書に含まれている「ポイント」を基準に、よいトレーニングを続けてください。

また、それらのスキルに関して、「何を」「どのように」「どのくらい」「どのようなことに注意しながら」、そして身につけたら「どのようなプレー」ができるようになるのか、について具体的に紹介していますので、指導者、保護者そして選手の皆さまにとって、本書をこれらの答えやヒントの詰まった参考書としてとらえてもらえればうれしいです。

サッカー少年・少女たちが向上心をもって、いつでもサッカーを楽しみながらプレーすることを心より願っています。

クーバー・コーチング・ジャパン

クーバー・コーチング・サッカースクール

誰もが楽しめて、上達を実感できるサッカースクール

クーバー・コーチングは、現在、全国で140を超えるスクールを展開しています。スクールには、地域のクラブやチームなどに所属していても参加できます。「個」のサッカー・テクニックを磨きたい、Jリーガーや日本代表になりたい、サッカーを一生涯の友達として楽しみたい少年少女のみなさん、是非、クーバー・コーチングのプログラムに参加して、サッカーを楽しみましょう。そして上手くなりましょう。

サッカーの技術と自信を備えたクリエイティブな選手を育てる

サッカーの技術を向上させるには、心と体を鍛える必要があります。クーバー・コーチングではサッカーを真剣に楽しむ環境を作り出し、選手としてだけでなく人間としての成長も促しています。

- 40以上のテクニックを学べる
- ボールは1人に1個
- 定員制で1つのコートを2名以上のコーチが担当
- 個人の能力を伸ばす
- 養成機関で教育を受けたプロのコーチ陣
- 初心者でも経験者でも上達

COEVER COACHING SOCCER SCHOOL

●特徴

スクールでのトレーニングは、この「プレイヤー育成ピラミッド」をもとに構成されています。

GROUP PLAY	少人数グループでの戦術を養成。コンビネーションプレーのトレーニング。
FINISHING	得点力の強化。ゴールを狙う姿勢、シュートのタイミングなどのトレーニング。
SPEED	考えるスピードと体のスピードを養成。加速力、反応のスピード、判断力を高めるトレーニング。
1v1 ATTACK＋DEFENCE	ドリブルの突破力、ボールキープ力など個人の技術を養成。フェイント、ターンなどのトレーニング。
RECEIVING＋PASSING	パスを出したり、受けたりする技術の養成。動き方やチームプレーのトレーニング。
BALL MASTERY	ボールコントロールを上達させる全てのプレーの基本となるトレーニング。

●スクールトレーニングの流れ（1日）

▶ **ボールマスタリー**
⇒ボールコントロール、ウォーミングアップ

▶ **スピード**
⇒加速力、反応のスピードなど

▶ **1v1のテクニック**
⇒フェイント、ターンなど

▶ **トピック**
⇒レシーブ＆パス、フィニッシュ、グループプレーなど

▶ **ミニゲーム**
⇒その日トレーニングしたことを試合の中で試す

▶ **ホームワーク**
⇒自主練習の課題

撮影協力

クーバー・コーチング・
サッカースクール越谷校
スクールマスター

林徳秀コーチ

クーバー・コーチング・
サッカースクール新座校
スクールマスター

薬袋広明コーチ

小板橋 洋太くん
小学4年生

倉本 健二くん
小学4年生

平井 悠大くん
小学3年生

永守 大宙くん
小学4年生

永井 健慎くん
小学4年生

前原 嘉乃さん
小学5年生

撮影場所

- クーバー・フットボールパーク武蔵浦和
- ヴァーサス新座フットサルクラブ

※コーチの所属先、選手の学年は2018年3月現在。

COERVER COACHING
クーバー・コーチング関連書籍・DVD紹介

ジュニアサッカークーバー・コーチング
キッズの一人でできる練習メニュー集
ボールマスタリー45【DVD付】

キッズ年代からまわりよりも上達したい！ そんなジュニアプレーヤーたちのために「世界No.1」と呼ばれる育成メソッド「クーバー・コーチング」で取り入れられている"自宅で""一人で"できる練習メニュー集。

著：アルフレッド・ガルスティアン　チャーリー・クック
定価：1,600円（+税）

ジュニアサッカー クーバー・コーチング キッズのトレーニングメニュー集 ボールマスタリー34【DVD付き】

うまいパスやフェイント、ファーストタッチをどうしても成功させたいと願っている子どもたちが、自主的に短時間で行える練習メニューを収録。キッズ年代に最適な本書で、サッカー選手に必要不可欠な基本となる技術を完璧に身につけることができる。

著：アルフレッド・ガルスティアン　チャーリー・クック
定価：1,600円（+税）

クーバー・コーチング関連書籍・DVD紹介

クーバー・コーチング
サッカー 365日使える！
小・中学生のチーム練習ドリル100

本書はクーバー・コーチングの育成メソッド「セッションプランナー」をもとに、個人の基礎技術からチームの能力を上げるための練習メニューをドリル形式で100種類紹介。計画的練習メニューで1日のトレーニングの組み立て方がわかる!!

著：アルフレッド・ガルスティアン　チャーリー・クック
定価：2,300円（+税）

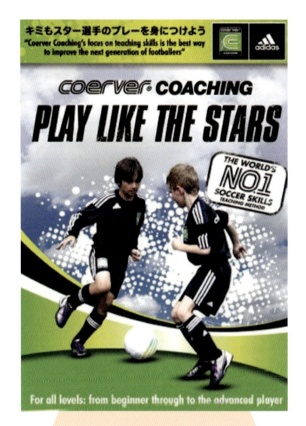

【DVD】
PLAY LIKE THE STARS

サッカーを始めたばかりの選手から上級者まで育成年代の選手に身につけてほしいプレーを収録。どのエクササイズもボール1個あれば手軽にできるトレーニングばかりです。チームのトレーニングメニューとしてだけでなく、個人選手が行う自主トレーニングメニューとしてもご活用いただけます。

【収録内容】
- 幼稚園生もできる初級レベルから中学生にもトライしてもらいたい上級レベルのボールマスタリーを22個収録
- 1v1の攻撃に強くなる「フェイント」「方向転換」「ストップ&スタート」の動きを18セット36種類紹介
- クーバー・コーチング共同創設者でこのDVDの編集者、アルフレッド・ガルスティアンとチャーリー・クックからのメッセージ

Magazine

（幼児・小学生・中学生）
ジュニアサッカーをサポートするコーチ、パパやママのための日本初少年サッカー専門マガジン

定価：1,320円（税込）／季刊誌（3月、6月、9月、12月／6日発売）
全国主要書店で発売中！

ジュニアサッカーに関わるすべての人たちへ

指導に活かせる最新のトレーニングやクラブ情報、サッカーキッズの疑問や悩みを解決していくための情報満載。子どもたちのプレーに一喜一憂する保護者の情報交換の場でもジュニアサッカー総合サポート誌です。

例えば こんな疑問を持った人たちが読者です！

★他のチームではどんな取り組みをしているの？
★もっと子どもたちのサッカーを知りたい！
★サッカーの経験はないがコーチになれるだろうか？
★子どもにどんなサッカースパイクを選べばいいのか？

ジュニアサッカーを応援しよう！Vol.48
特集 完全保存版
親子で考えるサッカー進路2018

Web

雑誌と連動したPCサイト　総合サイト

ジュニアサッカーを応援するすべての人たちに向けた「最新情報」「豊富なデータ」「役に立つ知識」を提供しています。本誌との連動はもとより、読者のみなさんとのコミュニケーションの場として展開中です。

http://www.jr-soccer.jp/

リアルタイムに情報配信中！

Facebook
https://www.facebook.com/jrsoccer.support

Twitter
公式アカウント　@jr_soccer_

カンゼンのジュニアサッカー書籍案内

僕らがサッカーボーイズだった頃
プロサッカー選手のジュニア時代

著者:元川悦子　定価:1,600円（+税）
ISBN:978-4-86255-144-3

**香川真司、岡崎慎司、清武弘嗣……
「プロ」になれた選手には、少年時代に共通点があった!**

日本代表及びロンドン五輪代表の選手を中心に13人のプロサッカー選手のジュニア時代が1冊に凝縮。

僕らがサッカーボーイズだった頃2
ブラジルワールドカップ編

著者:元川悦子　定価:1,600円（+税）
ISBN:978-4-86255-248-8

**「家族」の支え、「恩師」「仲間」との出会いが、僕を変えた――
本田圭佑、遠藤保仁、柿谷曜一朗、山口蛍……**

ブラジルワールドカップ代表の選手を中心に13人のプロサッカー選手のジュニア時代が1冊に凝縮。

僕らがサッカーボーイズだった頃3
日本代表への道

著者:元川悦子　定価:1,600円（+税）
ISBN:978-4-86255-357-7

**本人とその家族・指導者・友人の証言から描く
サッカー人生の"原点"とは**

宇佐美貴史、南野拓実、浅野拓磨、遠藤航など日本代表やU-23日本代表で活躍する11人の軌跡の成長ストーリー。

サッカーで子どもの力をひきだすオトナのおきて10

監修:池上正／著者:島沢優子　定価:1,500円（+税）　DVD付き
ISBN:978-4-86255-106-1

**あなたの言葉のかけ方ひとつで
"考える力""想像力"が育つ!**

全国の保護者、指導者から絶大な支持を得る池上正氏が子育て＆コーチングの実践例をDVD映像とともに大公開!

カンゼンのジュニアサッカー書籍案内

ゴールハンターバイブル

著者:佐藤寿人　定価:1,600円（+税）
ISBN:978-4-86255-344-7

ゴールハンターが得点を奪うための
究極の思考法を解き明かす！

J1・J2通算200ゴールの偉大な記録を持つ佐藤寿人選手のゴールを奪うための思考法を付録DVDとともに大公開!!

柿谷曜一朗のサッカー スーパーテクニックバイブル

監修:柿谷曜一朗　定価:1,600円（+税）　DVD付き
ISBN:978-4-86255-256-3

天才・柿谷が魅せる至極の
ファーストタッチコントロール

柿谷選手の最大の武器である『ファーストタッチ』を中心に、サッカー選手として身につけたい基本の『止める』『蹴る』『運ぶ』の技術、計31種類が収められている。

乾貴士のサッカーフリースタイル 神技リフティングバイブル
スゴ技スペシャル

監修:乾貴士　定価:1,600円（+税）　DVD付き
ISBN:978-4-86255-092-7

魅惑のボールマジック
ウルテク43を徹底解析！

日本人屈指のドリブラーが伝授するリフティングからボールタッチまで…。"超一流の"リフティングとフェイントテクニックを完全収録。

松井大輔のサッカー ドリブルバイブル
抜き技＆魅せ技スペシャル

監修:松井大輔　定価:1,600円（+税）　DVD付き
ISBN:978-4-86255-028-6

"日本屈指のテクニシャン"
松井大輔が魅せる

"日本屈指のテクニシャン"松井大輔のドリブル、シュート、クロス、パスといった超絶テクニックを余すところなく紹介。

お問い合わせは　株式会社カンゼン　TEL:03-5295-7723
ホームページはこちら　http://www.kanzen.jp

大久保嘉人のサッカー 攻撃テクニックバイブル
DVD突破技&決め技スペシャル

監修:大久保嘉人　定価:1,600円（+税）　DVD付き
ISBN:978-4-86255-053-8

"一撃必殺テクニック"で DFをぶっちぎれ！

フェイントやシュートはもちろん、フリーラン、ポストプレーなど、大久保嘉人の"超現実戦的"な攻撃テクニックを完全収録。

サッカーアルゼンチン流 個人スキルバイブル

監修:亘崇詞　定価:1,600円（+税）　DVD付き
ISBN:978-4-86255-153-5

日本サッカーの育成を大きく変える!! 南米流サッカー講座!!

南米に精通している亘崇詞による南米流トレーニング講座を紹介。今までにない独自のトレーニング方法で、南米流のサッカー哲学を学ぶことができる。

DVDでわかる！ 小島伸幸の サッカーGK(ゴールキーパー)コーチング プロ技完全マスター編

監修:小島伸幸　定価:1,880円（+税）　DVD付き
ISBN:978-4-86255-061-3

GKコーチ不在のチームに贈る ゴールキーパースキル本の決定版!!

元日本代表の守護神である小島伸幸、小野寺志保の両氏による、ゴールキーパーに必要なスキルを完全収録。

小・中学生のための ジュニアサッカー食事バイブル 新装版

監修:森裕子　定価:1,600円（+税）
ISBN:978-4-86255-379-9

ジュニアサッカーの選手たちにとって重要な 「食育」の考え方とレシピを紹介！

身体づくりはもちろんのこと、子どもの体質改善やココロを育むための食事レシピが満載！またFW・MF・DF・GKのポジション別レシピも掲載。

編集	◆	吉村洋人 (株式会社カンゼン)
装丁デザイン	◆	山内宏一郎 (SAIWAI design)
本文デザイン	◆	黒川篤史 (CROWARTS)
ライティング	◆	松岡健三郎
写真	◆	松岡健三郎、佐藤博之、Getty Images
イラスト	◆	小林哲也
DTPオペレーション	◆	株式会社ライブ
DVD撮影・編集	◆	中丸陽一郎
DVDオーサリングマネージメント	◆	イービストレード株式会社、株式会社アークス

ジュニアサッカー クーバー・コーチング キッズのスキルアップ練習メニュー集
1対1に勝つためのテクニック上達バイブル

◆ 発　行　日　2018年4月18日　初版

　　著　　者　クーバー・コーチング・ジャパン
　　発　行　人　坪井義哉
　　発　行　所　株式会社カンゼン

〒101-0021
東京都千代田区外神田2-7-1開花ビル
TEL03(5295)7723
FAX03(5295)7725
http://www.kanzen.jp/
郵便為替00150-7-130339

印刷・製本　株式会社シナノ

万一、落丁、乱丁などが有りましたら、お取替え致します。
本書の写真、記事、データの無断転載、複写、放映は、著作権の侵害となり、禁じております。

ISBN 978-4-86255-454-3
Printed in Japan
定価はカバーに表示してあります。

© COERVER COACHING JAPAN CO,.LTD 2018

ご意見、ご感想に関しましては、kanso@kanzen.jpまで
Eメールにてお寄せ下さい。お待ちしております。